Bunyû Nanjô

Eine kurze Geschichte der zwölf

japanischen buddhistischen Schulen

Aus dem Englischen von Dr. Julian Braun

Angkor Verlag

Bibliografische Information der Deutschen Bibliothek:

Die Deutsche Bibliothek verzeichnet diese Publikation in der Deutschen Nationalbibliografie; detaillierte bibliografische Daten sind im Internet über http://dnb.ddb.de abrufbar.

Eine kurze Geschichte der zwölf japanischen buddhistischen Schulen./Nanjo, Bunyu (Nanjio Bunyiu). Aus dem Englischen von Julian Braun. – Frankfurt: Angkor Verlag, 2013.

Die Originalfassung erschien unter dem Titel „A Short History of the Twelve Japanese Buddhist Sects" (Tokyo 1886)

Website: www.angkor-verlag.de
Kontakt: webmaster@angkor-verlag.de
Herstellung: Books on Demand GmbH, Norderstedt

ISBN Paperback: 978-3-943839-21-0
ISBN e-book: 978-3-943839-22-7

Vorwort zur deutschen Übersetzung

Die Anzahl neuer Veröffentlichung zum Thema „Buddhismus" ist nahezu unüberschaubar und kann grob in zwei Bereiche eingeteilt werden; nämlich akademische Werke und an den interessierten Laien gerichtete Werke. Gerade im zweiten Bereich erscheinen fast täglich neue Bücher, durch welche der Buddhismus in die große Bewegung der Lebenshilfe, Esoterik und Wellness aufgenommen ist. Dabei dominieren v.a. Werke zum tibetischen Buddhismus und zum Zen-Buddhismus; die tatsächliche Fülle buddhistischen Denkens und Lebens in Japan wird dabei nur selten berücksichtigt. Das vor über 100 Jahren erschienene Werk des Gelehrten Bunyû Nanjô (1849–1927) ist angesichts dieser Schieflage auch heute noch lesenswert; nicht nur weil es einen Mittelweg einhält zwischen oberflächlichen Adaptionsbemühungen an westliche Interessen und schwerverständlichen akademischen Texten, sondern auch weil es das weite Feld „Buddhismus" auf systematische Weise aus originär japanischer Sicht betrachtet. Dabei wird auch deutlich, wie unterschiedlich die Zugänge zu diesem Thema sein können und wie viel an inhaltlicher Tiefe zu verloren gehen droht, wenn einzelne Aspekte einiger buddhistischer Strömungen (wie Zen oder Vipassana) quasi als „der Buddhismus" angesehen werden.

Meine Übertragung der Sanskrit-Begriffe ist nicht ganz fehlerfrei, auf die Einfügung japanischer Zeichen wurde verzichtet. Die englische Vorlage ist selbst nicht immer ganz klar, manche Begriffe sind nicht unproblematisch. Dennoch bin ich sicher, dass das Werk über den historischen Wert hinaus eine echte Bereicherung der Einführungen in den Buddhismus darstellt. Fußnoten des englischen Originals sind als solche gekennzeichnet. Eckige Klammern im Haupttext sind eigene Ergänzungen.

Dr. Julian Braun

München, 2013

Inhaltsverzeichnis

Vorwort

Das Ziel der folgenden Arbeit wird durch ihren Titel definiert; es ist eine kurze Geschichte nicht des Buddhismus im Allgemeinen, sondern der zwölf buddhistischen Schulrichtungen in Japan. Es ist die Übersetzung eines japanischen Manuskripts, welches aus einer Einleitung und zwölf separat von lebenden japanischen Priestern in den vergangenen sieben Monaten geschriebenen Kapiteln besteht. Als ich von Herrn S. Santo gebeten wurde, die Arbeit im letzten Mai anzugehen, war das Manuskript noch nicht vollständig. Während meine Übersetzung voranschritt, sandten mir die Verfasser ihre jeweiligen Manuskripte aus allen möglichen Teilen des Landes zu und sagten, dass sie in großer Eile geschrieben hätten. Der Stil ihrer Abfassungen ist nicht immer identisch und es hat mir ziemliche Schwierigkeiten bereitet, ihre Worte möglichst genau in die englische Sprache zu übertragen, mit der ich nur unzureichend vertraut bin. Darüber hinaus ist das Thema selbst natürlich ein sehr schwieriges, obwohl ich mich bereits seit vielen Jahren damit beschäftige. Wenn der ursprüngliche Text zu kompliziert war, habe ich mich verpflichtet gefühlt ihn zu kürzen oder manche Passagen nicht zu übersetzen.

Es folgen die Namen der Verfasser der Texte und einige andere Dinge: Die Einleitung sowie das fünfte, sechste und achte Kapitel über die Schulrichtungen Sanron, Kegon und Shingon wurden von meinem Freund, dem Ehrwürdigen Kôchô Ogurusu der Shin-Schulrichtung verfasst. Das erste Kapitel zur Kusha-Schulrichtung wurde vom Ehrwürdigen Shûzan Emura der Shin-Schulrichtung verfasst. Ein weiterer und längerer Text zur selben Schulrichtung wurde vom Ehrwürdigen Kyokuga Saiki der Shingon-Schulrichtung geschrieben, aber zu spät, um ihn für diese Übersetzung zu verwenden. Das zweite und dritte Kapitel über die Schulrichtungen Jôjitsu und Ritsu sind das Ergebnis des Ehrwürdigen Shôhen Ueda der Shingon-Schulrichtung. Der Autor des vierten Kapitels über die Hossô-Schulrichtung ist der Ehrwürdige Dairyô Takashi der Shingon-Schulrichtung und derjenige des siebten Kapitels über die Tendai-Schulrichtung ist der Ehrwürdige Kyôkan Uemura aus dieser Schulrichtung. Ein weiterer Text zur Sanron-Schulrichtung wurde vom Ehrwürdigen Sôken Ueno der Shingon-Schulrichtung geschrieben und einer zur Kegon-Schulrichtung vom Ehrwürdigen Jitsuben Kazuyama der Ji-Schulrichtung. Aber auch diese beiden kamen leider zu spät, um noch für die vorliegende Arbeit verwendet werden zu können. Die Ehrwürdigen Gyôkai Fukuda, Kenkô Tsuji, Renjô Akamatsu und Zejun Kobayashi haben jeweils ein Kapitel zu ihrer eigenen Schulrichtung geschrieben. Ihre Themen sind die Jôdô-Schulrichtung (Kapitel 9), die Zen-Schulrichtung (Kapitel 10), die Shin-Schulrichtung (Kapitel 11) und die Nichiren-Schulrichtung (Kapitel 12).

Für die Orthographie der Sanskrit-Namen und -Begriffe wurde Professor Max Müllers Missionsalphabet verwendet, da es auf die Verwendung von diakritischen Zeichen verzichtet. Es hat die Eigenheit, dass das romanische *k* und *g* durch *ch* und *j* wiedergegeben werden, so wie sie für gewöhnlich im Englischen ausgesprochen werden. Das ist so, weil die Gaumenlaute von Kehllauten abgeleitet sind.[1]

---

[1] Bis ins 19. Jh. hinein verwendeten Wissenschaftler und Missionare unterschiedliche Transkriptionssysteme, um die Sprachen von schriftlosen Völkern und Kulturen mit anderen Alphabeten wiederzugeben. Dabei setzte sich das System des Ägyptologen und Sprachforschers Karl Richard Lepsius (1810-1884) gegenüber dem Vorschlag des Religionswissenschaftlers Friedrich Max Müller (1823-1900) durch.

Für die Orthographie der japanischen Aussprache der chinesischen und japanischen Begriffe wurde das Alphabet der *Romajikai*, der „Romanischen-Buchstaben-Gesellschaft", gewählt.[2]

Ich bedaure es, dass der Umfang des Werkes es mir nicht erlaubt, die Autoritäten für die jeweiligen Informationen detailliert anzuführen. Im Originaltext werden die Experten nicht angeführt, und auch ich hatte keine Zeit, wenigstens die grundlegenden Werke der zwölf Schulrichtungen während des Voranschreitens dieser Übersetzung durchzusehen, da ich durch berufliche Verpflichtungen ausgelastet war. Dennoch habe ich mein Bestes versucht, auch wenn das Ergebnis sehr unvollkommen ist.

Ich möchte nun Dr. W. S. Bigelow meinen aufrichtigen Dank für seine Freundlichkeit aussprechen, einige Teile dieser Übersetzung zu korrigieren,[3] und Professor Chamberlain[4] für selbige Unterstützung hinsichtlich einiger anderer Teile.

Bunyû Nanjô

Asakusa, Tôkyô, Japan
6. Dezember, Jahr 19 der Ära Meiji (1886)

---

[2] Die Romanji-kai wurde 1885 von Yatabe Ryôkichi (1851-1899), Toyama Masakazu (1848-1900) und anderen begründet; sie setzten sich für die Wiedergabe japanischer Sprache durch romanische Buchstaben ein.

[3] William Sturgis Bigelow (1850-1926), amerikanischer Arzt und Sammler japanischer Kunst; einer der ersten in Japan lebenden Amerikaner.

[4] Basil Hall Chamberlain (1850-1935), einer der bedeutendsten frühen Japanologen, Autor diverser Werke zur Sprache und Kultur Japans.

Einleitung

Diejenigen, deren Geist verwirrt ist, werden als Unwissende bezeichnet. Diejenigen, deren Geist erleuchtet ist, werden Buddhas genannt.

Unter den Verwirrten befinden sich Insekten, schnell fliegende wie Wespen oder langsam kriechende wie Raupen. Es finden sich darunter Tiere mit Schuppen und solche mit Panzern oder Schalen. Es gibt Tierarten mit und ohne Haare. Manche haben ein Horn und manche zwei. Einige haben zwei Füße, andere viele Füße. Manche haben Flügel, mit denen sie fliegen, andere haben Krallen, mit denen sie ihre Beute greifen. Es gibt große Tiere wie Wale, furchteinflößende Tiger und Wölfe, giftige Schlangen und Wassertiere und die schlauen Füchse und Dachse. Es gibt gehörnte Eulen, welche ihre Mütter fressen. Es gibt sogenannte Eulen-Katzen, welche ihre Väter fressen. So gibt es zahlreiche verschiedene Tierarten, von denen die schwächeren immer durch die stärkeren verletzt oder getötet werden. Das ist das Dasein der Wesen, welche sich im Tierreich befinden (*tiryag-yoni-gata* bzw. *chikushô-dô* oder *bôshô-shu*).

Es gibt *preta* (*gaki*) oder „Totengeister", deren Bäuche groß wie Berge sind, während ihre Münder so klein sind wie Stecknadelköpfe; so können sie weder essen noch trinken. Es gibt *preta*, für die sich Wasser immer in Feuer verwandelt, sobald sie es zu trinken wünschen. Es gibt *preta*, die nichts als Exkremente und Eiter essen. Es gibt *preta,* deren Körper von ihren eigenen Haaren durchbohrt werden, deren Spitzen scharf wie Schwerter sind. Und es gibt *preta*, welche ihre eigenen Kinder verzehren. Dieses Dasein kann man nicht mit menschlichen Augen sehen; aber unter den Menschen finden sich nicht selten ähnliche Verhaltensweisen.

Die acht heißen Höllen sind Zustände glühenden Feuers und die acht kalten Höllen sind solche von gefrorenem Wasser. Die ersten acht heißen Sanjiva (Tôkatsu), Kalasutra (Kokujô), Samghata (Shugô), Raurava (Kyôkan), Maha-raurava (Daikyôkan), Tapana (Shônetsu), Pratapana (Daishônetsu) und Avici (Muken). Die acht kalten Höllen heißen Arbuda (Abuda), Nirarbuda (Nirabuda), Atata (Aseta), Apada (Kokoba), Hahadhara (Kokoba), Utpala (Uhara), Padma (Hadoma) und Mahapadma (Makahadoma). Die Leiden in diesen Höllen können mit Worten nur unzureichend beschrieben werden. So sind die Daseinsweisen der Wesen in den Höllen (Naraka). Sowohl das glühende Feuer als auch das eisige Wasser werden nicht durch andere Wesen verursacht, sondern nur durch das eigene Denken.

Aber nicht nur die Wesen, welche in die obigen drei Zustände der niederen Tiere, verstorbenen Geister und diversen Höllen eintraten, sind verwirrt und durcheinander; sondern auch die *deva* oder himmlischen Wesen, die *naga* oder Schlangen und die anderen acht Klassen der Wesen (*tenryû-hachi-bu*). Sie heißen Mahoraga („Große Schlangen"), Kinnara („was für eine Art von Mensch"),[5] Garuda, Rahu („der Ergreifer"), Asura, Gandharva, Rakshasa, Yaksha, Naga („Schlangen"), Visvakarman („Alles-Vollbringender"), Surya („Sonne"), Soma („Mond"), Mariki, Mahesvara, Sakra Devanam Indra („König der Götter namens Sakra"), Mahabrahman, Wesen der vier feinkörperlichen Ebenen, *dhyana-gocara* (Shizen-ten), und der vier formfreien Bereiche, *arupa* (*shi-mu-shiki*). Obwohl ihre Freuden und Leiden sich ein wenig voneinander unterscheiden, je nach ihrer Heiligkeit oder Unwissenheit, gehören sie alle den drei Welten der Begierde, der reinen Form und der Formlosigkeit an und sind nicht frei von Verwirrung.

Unter den Wesen der drei Welten sind die Menschen geistreicher als alle anderen. Denken ist ihre spezielle geistige Fähigkeit. Aber obwohl

---

[5] Kinnara werden traditionell als halb Mensch und halb Vogel beschrieben und zeichnen sich durch ihre Kunstfertigkeit im Musizieren aus.

geistreich, sind sie doch verwirrt. Durch Denken werden sie erleuchtet, durch Denken werden sie reich und angesehen. Durch Denken werden sie arm und mittelmäßig. Durch Denken schaffen sie Frieden. Durch Denken fangen sie zu kämpfen an. Durch Denken planen sie sich zu kräftigen. Durch Denken fürchten sie sich davor, von anderen geschwächt zu werden. Je nachdem ihr Denken geschickt ist oder nicht, gelangen manche Menschen zu Wohlstand und andere in Verruf.

Es gibt weise Prinzen und clevere Minister. Es gibt rebellische Minister und schurkische Söhne. Manche Menschen werden in hohe Ämter berufen, erhalten ein großzügiges Gehalt und werden mit Regierungsmacht ausgestattet. Andere Menschen greifen weggeworfene und nutzlose Dinge auf. Einige wohnen in luxuriösen Häusern und Hallen und verspeisen dreimal am Tag exzellentes Essen. Wieder andere leben in baufälligen Häusern, tragen abgenutzte Kleidung und leiden Hunger. Einige leben in Angst vor Gewalttaten und andere fürchten Krankheit und Seuchen. Einige leben in Furcht vor Überschwemmung oder Feuersbrunst, andere haben Angst vor Dieben und Räubern. Manche ertrinken im Wasser, andere werden am Hals aufgehängt. Es gibt Taube, Stumme und Blinde. So groß sind die Unterschiede hinsichtlich Wohlergehen und Übel; manchen geht es gut, andere leiden. Diese Unterschiede hängen einzig von der Art und Weise ihres Denkens ab und sind die Auswirkungen der Ursachen früheren Daseins.

Kurz gesagt werden all diejenigen, welche sich nur um das momentane Dasein sorgen und nicht vorausschauend sind, verwirrt genannt, mögen sie klug oder einfältig, reich oder arm sein. Es liegt praktisch außerhalb menschlichen Vermögens, zu erreichen, dass alle Menschen in der Welt reich und edel, verständig und gesund sowie langlebig werden. Keine Religion außer der Lehre des Buddha vermag alle Wesen in den Zustand wahrer Beständigkeit, Freude, Selbstsein und Reinheit zu versetzen (*jô-raku-ga-jô*, d.h. die vier Qualitäten des Nirwana). Dies bewirkt der Buddhismus aufgrund von Mitgefühl, während er selbst unabhängig von den Beschwerden der dreifachen Welt ist.

Buddha Shakyamuni erschien in der Welt um das Wichtigste überhaupt zu bewirken, nämlich die Wesen dazu zu bewegen, die Erleuchtung zu erlangen. Es gibt viele verschiedene Berichte über sein Leben. Wir geben an dieser Stelle einen Abriss dieser Ereignisse.

Das Leben des Buddha

Buddha wurde im Königreich Kapilavastu (Kabirae) in Zentralindien geboren; am achten Tag des vierten Monats des vierundzwanzigsten Jahres der Herrschaft von König Shô der Shû-Dynastie (Zhou) in China, d.i. 1027 v.Chr.[6] Im Augenblick seiner Geburt hat er die Worte gesprochen: „Ich allein von allen Wesen im Himmel und unterhalb des Himmels bin verehrungswürdig." Sein Vater war der große König (Maharaja) Suddhodana (Jôbon Dai-ô) und seine Mutter war die Königin (Devi) Maya (Maya Bunin).

Im Alter von sieben Jahren war er wohlvertraut mit Astronomie, Geographie, Mathematik und Militärwissenschaft. Im Alter von zehn Jahren übertraf er die anderen Prinzen beim Bogenschießen, indem er sieben eiserne Scheiben durchdrang. Mit Fünfzehn wurde er offiziell als Thronerbe anerkannt. Mit Siebzehn wurde er mit Yasodhara (Yashudara) verheiratet. Mit Achtzehn begann er darüber nachzudenken, sein Zuhause zu verlassen, als er erkannte, wie das Dasein von den

---

[6] Diese extrem frühe Datierung der Geburt Buddhas findet sich in frühen Werken wie der „Allgemeinen Encyclopädie der Wissenschaften und Künste in alphabetischer Folge" (1836) von Johann Samuel Ersch (1766-1820) oder dem „Wörterbuch der Mythologie aller Völker" von Wilhelm Vollmer (Erstauflage 1836). Auf welche originale Chronik oder Quelle diese Angabe zurückgeht, ist mir leider nicht bekannt. Die gegenwärtige Forschung datiert die Lebenszeit des historischen Buddha etwa in das 4.Jh.v.u.Z.

Leiden Geburt, Alter, Krankheit und Tod durchzogen ist. Am siebten Tag des zweiten Monats seines neunzehnten Lebensjahres begab er sich in die Wälder, um den vollkommenen Weg zu erlernen.

Am siebten Tag des zweiten Monats im Alter von 31 Jahren erwachte er beim Sitzen unter dem Bodhibaum zum vollkommenen Wissen. Der Buddha hat drei Körper, nämlich: 1. Den *dharma-kaya* (*hosshin*) oder „Gesetzes-Körper", der form- und farblos ist; 2. den *sambhoga-kaya* (*hô-shin*) oder „Vergeltungs-Körper", in dem der Buddha vor den Bodhisattvas der „Zehn Stufen" bzw. *dasabhumi* (*jû-ji*) erscheint; 3. den *nirmana-kaya* (*ôjin* oder *ke-shin*) oder „Verwandlungs-Körper", in dem er vor den Selbstverwirklichern (*pratyeka-buddha*), Hörern (*sravaka*), Göttern (*deva*) und Menschen erscheint. Das ist der Grund, warum der Buddha von den Anhängern der Mahayana- und Hinayana-Lehre zu seinen Lebzeiten unterschiedlich aufgefasst wurde.

Nach seiner Erleuchtung saß der Buddha sieben Tage lang in Meditation versunken und erfreute sich am *dharma* [der Lehre, dem Gesetz]. In der zweiten Woche verkündete er das *Buddhavatamsaka-mahavaipulya-sutra* bzw. *Kegon-kyô* (Nr. 87, 88)[7] in neun Abteilungen an sieben verschiedenen Orten. Dies wird von Tendai-Lehrern die erste Periode oder Kegon genannt.

Am dreizehnten Tag des zweiten Monats bekehrte der Buddha den Schlangenkönig (Naga-raja) Majilinda (Monrin Ryû-ô). Am siebten Tag des dritten Monats bekehrte er Devapala (Daiihari). Am folgenden Tag begab er sich nach Varanasi, wo Kaundinya und andere bekehrt wurden. Im Alter von 31 Jahren bekehrte er den Sreshtin oder reichen

---

[7] Die Nummerierung bezieht sich auf die von Bunyû Nanjô ausgearbeitete Ordnung der Texte des chinesischen Pali-Kanon (siehe sein Werk *A Catalogue of the Chinese Translation of the Buddhist Tripitaka* (1883), welches als Reprint erhältlich ist). Diese Zählung stimmt jedoch nicht mit der späteren Standardversion, dem *Taishô Shinshû Daizôkyô* (erschienen zwischen 1924 und 1934) überein.

Kaufmann Yasa (Yasha Chôja). Dann begab er sich in das Königreich von Magadha und bekehrte Uruvilva-kasyapa und andere. Dann, auf dem Weg nach Rajagriha, bekehrte er König Bimbisara und sein Gefolge. Im gleichen Jahr machte der Kaufmann Kalya (Karyô Chôja) dem Buddha das Kloster Venuvana (Chikurin-shôja), den „Bambus-Hain", zum Geschenk. Im Alter von 32 Jahren bekehrte er die Schlangendämonen (Naga oder Ryû) und Dämonen (Yaksha oder Ki) vom Berg Gajasirsha (Zôtsu), dem „Elefanten-Kopf". Mit 33 Jahren wurden Sariputra und Mahamaudgalyayana seine Schüler. Zu dieser Zeit hatten bereits 1.250 Schüler die Heiligkeit (Arhatschaft) erlangt. Im gleichen Jahr wurde Mahakasyapa ein Schüler des Buddha. Er machte dem Buddha eine Robe im Wert von 100.000 *tael* zum Geschenk.[8] Mit 34 Jahren befand sich Buddha in Vaisali und stiftete die Ordensregeln. Nach diesem Jahr kamen zu diesen Regeln immer neue hinzu. Mit 35 Jahren machte der Kaufmann Suddatta (Shudatsu Chôja) aus Sravasti gemeinsam mit dem Prinzen Geta dem Buddha den Geta-vana Anathapindada-arama (Giju Gikko-doku-on) oder „Geta-Hain und Anathapindada-Garten", bekannt als Gion-shôja, zum Geschenk [Jetavana]. In diesem Jahr begab sich Buddha zurück nach Kapilavastu, als sein Vater, König Suddhodana, sein Gefolge ausschickte und Leute aussandte, um ihn auf eine Entfernung von 40 Meilen anzutreffen. Der König suchte auch 500 wohlhabende Personen aus, um auf den Buddha zu warten, damit er so erfreut sei wie ein Phönix, der auf den Berg Sumeru zufliegt. Mit 36 Jahren predigte der Buddha das *Pratyutpanna-buddhasammukhavasthita-sutra* bzw. *Hanju-kyô* (Nr. 73) in Godhanya (Kuyani). Mit 37 Jahren wurde Ananda sein Schüler, als dieser acht Jahre alt war. In diesem Jahre bekehrte Buddha einen jüngeren Bruder des Kinnara-König Druma (Junshin Dara-ô) auf dem Berg Ryû. Mit 38

---

[8] Das *tael* ist eine alte chinesische Währungseinheit.

Jahren wurde Rahula sein Schüler, der neun Jahre alt war. Mit 39 Jahren ging Buddha nach Magadha und bekehrte König Pushya (Hokkasha-ô). In diesem Jahr wurde ein Votiv-Altar (*kaidan*) im Südosten des Gion errichtet. Mit 40 Jahren verkündigte der Buddha vor Maitreya (Miroku) das *Abhinishrkramana-sutra* bzw. *Hongi-kyô* (Nr. 509). Mit 41 Jahren kehrte er ein zweites Mal nach Kapilavastu zurück und verkündigte seinem Vater, dem König, das *Buddha-dhyana-samadhisagara-sutra* bzw. *Kan-butsu-sammai-kyô* (Nr. 430). In diesem Jahr verließ seine Tanta Mahaprajapati ihr Zuhause und trat in den Nonnen-Orden ein (*bikkhuni*). Während der obigen zwölf Jahre verkündete der Buddha die meiste Zeit Hinayana-Lehren. Dies wird von den Tendai-Lehrern die zweite Periode des Roku-on bzw. Mrigadava, d.i. „Hirschpark" [Sarnath] oder Agon (Agama) genannt.

Im Alter von 42 Jahren verkündigte der Buddha das *Vimalakirtti-nirdesa-sutra* bzw. *Yuimakitsu-kyô* (Nr. 146, 247, 149) in der Stadt Vaisali. Mit 43 lehrte er das *Viseshacinta-brahma-paripriccha-sutra* bzw. *Shiyakubondenshomon-kyô* (Nr. 189, 190). Mit 44 Jahren verkündigte er das *Lankavatara-sutra* bzw. *Ryôga-kyô* (Nr. 175, 176, 177) auf dem Berg Lanka in der südlichen See. In diesem Jahr verkündigte er auch das *Suvarna-prabhasa-sutra* bzw. *Konkômyô-kyô* (Nr. 126, 127, 130) und das *Srimala-devi-simhananda-sutra* bzw. *Shôman-gyô* (Nr. 59). Im Alter zwischen 44 und 49 Jahren lehrte der Buddha das *Mahavaipulya-maha-sannipata-sutra* bzw. *Daihôdô-daishû-kyô* (Nr. 61) vor aus den zehn Richtungen versammelten Buddhas und Bodhisattvas auf einer großen Treppe zwischen der Welt der Begierde und der Welt der Reinen Form. Er lehrte auch Ananda das *Suramgama-samadhi-sutra* bzw. *Shuryôgon-kyô* (Nr. 399). Diese acht Jahre der Lehrtätigkeit werden von den Tendai-Meistern als Hôdô oder Vaipulya-Periode bezeichnet.

Während der nächsten 22 Jahre, im Alter zwischen 50 und 71 Jahren, lehrte der Buddha das *Prajnaparamita-sutra* in 16 Abschnitten (*Jûroku-e*) an vier verschiedenen Orten, nämlich: 1. auf dem Berg Gridhakuta („Geiergipfel"), 2. in Anathapindadas Garten in Sravasti, 3. an der Wohnstätte der Paranirmitavasavartins (Takejizaiten) und 4. in Venuvana („Bambushain").

Herausragend ist das *Dai-hannya-haramita-kyô*. Es ist die größte der Übersetzungen von buddhistischen Sutras ins Chinesische und besteht aus 600 Faszikeln oder Bänden. Dies ist eine Zusammenfassung des Inhalts:

	Faszikel	Faszikel-Nr.	Kapitel	Ort d. Begebenheit
(a)	400	1-400	79	Gridhrakuta
(b)	78	401-478	85	s.o.
(c)	59	479-537	31	s.o.
(d)	18	538-555	29	s.o.
(e)	10	556-565	24	s.o.
(f)	8	566-573	17	s.o.
(g)	2	574-575		Sravasti
(h)	1	576		s.o.
(i)	1	577		s.o.
(j)	1	578		Wohnstätte der Paranirmitavasavartin
(k)	5	579-583		Sravasti
(l)	5	584-588		s.o.
(m)	1	589		s.o.
(n)	1	590		
(o)	2	591-592		Gridhrakuta
(p)	8	593-600		Venuvana[9]

---

[9] Dieser Absatz ist bis hierhin im Original eine Fußnote.

Dies wird von den Tendai-Meistern die vierte Periode oder Periode der Weisheit (Prajnaparamita) genannt.

Während der letzten acht Jahre, im Alter von 71 bis 79, verkündete der Buddha an erster Stelle das *Saddharma-pundarika-sutra* bzw. *Hokke-kyô* (Nr. 134,138, 139). Weiterhin lehrte er die Königin Vaidehi in Rajagriha das *Amitayur-dhyana-sutra* bzw. *Kanmuryôju-kyô* (Nr. 198). Als der Buddha 75 Jahre alt war, starb sein Vater, der König. Im Alter von 78 Jahren verkündete er in der Stadt Vaisali das *Samantabhadra-bodhisattva-carya-dharma-sutra* bzw. *Fugenbosatsugyôbô-kyô* (Nr. 394). Im Alter von 79 Jahren, dem 51. oder 53. Jahr von König Boku der Shû (Zhou) in China, d.i. 949 v.Chr., stieg der Buddha zum Trayatrimsa-Himmel (Tôriten) auf und lehrte dort seine Mutter, die Königin Maya (Nr. 153). Bei seiner Rückkehr von dort lehrte er das *Nirwana-sutra* bzw. *Nehan-gyô* (Nr. 113, 114), das *Sukhavati-vyuha-sutra* bzw. *Amida-kyô* (Nr. 200) und andere. Um Mitternacht am 15. Tag des zweiten Monats legte er sich in einer Avenue von Sala-Bäumen nahe der Stadt Kushi nieder und ging ins PariNirwana ein. Alle Götter und Menschen beklagten den Fortgang ihres großen Lehrers. Dies wird von den Tendai-Lehrern die fünfte Periode des Lotos (Hokke) oder Nirwana (Nehan) genannt.

Auf diese Weise haben wir die Lehren des Buddha chronologisch angeordnet. Aber die Darstellung ist in keiner Weise vollständig. Denn der wahre Zustand eines Buddha wird von Bodhisattvas, Pratyekabuddhas, Sravakas, Devas und Menschen nur unzulänglich verstanden. Die Erscheinung eines Buddha in der Welt ist frei von jeglicher gewöhnlichen Form und Rede. Daher kann er zahllose Zeitalter in einen Gedanken fassen und seinen verwandelten Leib an vielen verschiedenen Orten zur gleichen Zeit erscheinen lassen; so wie das berühmte Juwel *Cintamani* (Nyôihôshu) seinem Besitzer alle Wünsche erfüllt und Sonne und Mond im Wasser aller Flüsse, Seen und Quellen zu ein und derselben Zeit wiedergespiegelt werden. Kurz gesagt, der Buddha führt diejenigen, welche noch nicht erleuchtet sind und lehrt sie, was er vollkommen verstanden hat. Die Anlagen der Wesen sind unterschiedlich, so dass die Lehren für sie ebenfalls auf vielerlei Weisen eingeteilt werden. Dementsprechend gibt es verschiedene Klassifikationen, umfassendere und begrenztere, partielle und vollständige, vorläufige und endgültige, offensichtliche und verborgene. Obwohl es zahlreiche Lehren gibt, ist das Thema bloß ein einziges, nämlich die Erkenntnis der Wahrheit. Wenn sie verwirrt sind, sind alle Wesen in den drei Welten in einem Zustand der Unwissenheit. Wenn sie erleuchtet sind, sind die zehn Welten von nichts außer Buddhas bewohnt.

Buddhismus in Indien

Nach dem Eingang des Buddha ins Nirwana gab es in Indien zwei Schulrichtungen, nämlich 1. die Sthavira (Jôzabu) und 2. die Mahasanghika (Daishubu). Bei der ersten gab es fünf aufeinanderfolgende Lehrer, nämlich Kasyapa, Ananda, Madyhantika, Sanavasa und Upagupta. Sie werden von Anhängern des Hinayana und des Mahayana gleichermaßen als Patriarchen verehrt. In der Tendai-Schulrichtung werden 23 Patriarchen aufgezählt, mit Kasyapa an erster Stelle. Kasyapa ist auch der erste der 28 Patriarchen der Zen-Schulrichtung. Bei der Versammlung, bei der Buddha das *Nirwana-Sutra* (*Nehan-gyô*) verkündete, wurde Kasyapa die Übermittlung der gesamten Lehre Buddhas anvertraut. Als das *Mahabrahma-raja-paripriccha-sutra* (*Daibonnô-monbutsu-ketsugi-gyô*) verkündet wurde, wurde ebenfalls das Geheimnis des „Auges des rechten Gesetzes" (siehe Kapitel 10) Kasyapa anvertraut.

Hundert Jahre lang, während die fünf Lehrer aufeinander folgten, bestanden die beiden Schulen harmonisch miteinander. Danach begannen sie miteinander in Streit zu geraten. Zwei Jahrhunderte nach dem Buddha waren die Mahasamghika in neun Schulen aufgeteilt. Ein weiteres Jahrhundert später waren die Sthavira in elf Schulen geteilt. Diese werden zusammen als die 20 Schulrichtungen des Hinayana bezeichnet. Von diesen waren die Sthavira diejenigen, welche sich am stärksten verbreiteten. Sie basierte auf einem zentralen Sastra und den dazugehörigen, sogenannten „sechs Füßen". Letztere sind: 1. *Sangiti-paryaya-pada* bzw. *Shûimonsoku-ron* (Nr. 1276) von Sariputra, 2. *Dharmaskandha-pada* bzw. *Hôunsoku-ron* (Nr. 1396) von Mahamaudgalyayana, 3. *Prajnapti-pada* bzw. *Shisetsusoku-ron* (Nr. 1317) von Katyayana oder Mahamaudgalyayana, 4. *Vijnana-kaya-pada* bzw. *Shikishinsoku-ron* (Nr. 1381) von Devasarman, 5. *Prakarana-pada* bzw. *Honruisoku-ron* (Nr. 1217) von Vasumitra, 6. *Dhatukaya-pada* bzw. *Kaishinsoku-ron* (Nr. 1282). Diese sechs Sastras werden die „sechs Füße" genannt, von denen die ersten drei zu Lebzeiten des Buddha entstanden; das vierte entstand ein Jahrhundert später und die beiden letzten drei Jahrhunderte nach dem Buddha. Das zentrale Sastra ist das *Jnana-prasthana-sastra* bzw. *Hotchi-ron* (Nr. 1275) von Katyayana, welches ebenfalls dreihundert Jahre nach dem Buddha entstand. Ein Jahrhundert später kompilierten fünfhundert Arhat und Schüler von Katyayana das *Mahavibhasha-sastra* bzw. *Daibibasha-ron* (Nr. 1263). Es handelt sich um einen Kommentar zu dem letzten Sastra. Neun Jahrhunderte nach Buddha verfasste Vasubandhu (Seshin) das *Abhidharmakosa-sastra* bzw. *Kusha-ron* (Nr.1267, 1269), in welchem er an einigen Stellen die Grundsätze der Sautrantika (Kyôbu) aufgreift. Samghabhadra (Shugen) verfasste dann das *Nyayanusara-sastra* bzw. *Junshôri-ron* (Nr. 1265) und wies das letztgenannte Werk zurück. Dies belegt, dass der florierende Zustand der Sarvastivada-Schulrichtung in Indien einige Zeit anhielt.

Achthundertneunzig Jahre nach dem Buddha trat der Inder Harivarman, ein Schüler von Kumarila-bhatta der Sarvastivada auf und verfasste das *Satyasiddhi-sastra* bzw. *Jôjitsu-ron* (Nr. 1274). Das Werk wurde in Indien eingehend studiert.

Obiges ist ein Abriss der Geschichte der Hinayana-Schulrichtungen in Indien.

Obwohl die Lehren des Mahayana von Kasyapa und Ananda weitergegeben wurden, verloren sie mit dem Aufblühen des Hinayana an Einfluss. Sechs Jahrhunderte nach dem Buddha verfasste Asvaghosa (Memyô) das *Mahayana-sraddhotpada-sastra* bzw. *Daijôkishin-ron* (Nr. 1249, 1250) und verkündete das Mahayana. Ein Jahrhundert später verfasste Nagarjuna (Ryûju) das *Mahabhaya-sastra* bzw. *Daimui-ron,*[10] das *Mahaprajnaparamita-sastra* bzw. *Daichido-ron* (Nr. 1169), das *Madhyamaka-sastra* bzw. *Chû-ron* (Nr. 1179) und andere Werke, in denen er die offenbaren Lehren erläuterte. Nachdem er den eisernen Turm in Südindien gefunden hatte, legte er auch die geheimen Lehren dar (siehe Kapitel 8). Zu dieser Zeit strahlte die Mahayana-Schulrichtung hell wie die Sonne. Neun Jahrhunderte nach dem Buddha bat Asanga (Mujaku) den Bodhisattva Maitreya darum, das *Yogacara-bhumi-sastra* bzw. *Yuga-ron* (Nr. 1170) zu erläutern. Er selber verfasste das *Mahayana-samparigraha-sastra* bzw. *Shôdaijô-ron* (Nr. 1183, 1184), zu dem sein jüngerer Bruder Vasubandhu einen Kommentar schrieb (Nr. 1171). Letzterer verfasste auch das *Amitayus-sutropadesa* bzw. *Jôdo-ron* (Nr. 1204), das *Buddhagotra-sastra* bzw. *Busshô-ron* (Nr. 1220), das *Saddharma-pundarika-sutra-sastra* bzw. *Hokke-ron* (Nr. 1232, 1233), das *Nirwana-sastra* bzw. *Nehan-ron* (Nr. 1206), das *Vajracchedika-sutra-sastra* bzw. *Kongô-hannya-ron* (Nr. 1168) und das *Dasabhumika-sastra* bzw. *Jûji-ron* (Nr. 1194). Er schrieb auch die

---

[10] [Fußnote im Original] Dieses wurde bislang noch nicht ins Chinesische übersetzt.

20

30 Verse des *Vidyamatra-siddhi-tridasa-sastra-karika* bzw. *Yuishiki-sanjû-ju* (Nr. 1215), zu dem zehn Sastra-Lehrer jeweils einen eigenen Kommentar schrieben.[11] Die Werke von Vasubandhu sollen sich insgesamt auf eintausend Stück belaufen. Die Lehre des Mahayana begann aufzublühen, was sie dem Wirken der beiden Lehrer Nagarjuna und Vasubandhu verdankte. Darum haben alle darauf folgenden Generationen voller Hochachtung zu ihnen aufgeblickt.

Buddhismus in China

Im zehnten Jahr der Eihei-Ära, während der Herrschaft von Kaiser Mei (Ming) der Späteren Han-Dynastie, d.i. im Jahr 67 chr. Z. oder 1016 Jahre nach dem Buddha, kamen die beiden indischen Priester Kasyapa Matanga (Kashô Matô) und Chiku Hôran (Dharmaraksha?) in Rakuyô (Loyang), der Hauptstadt von China an und brachten ein Bildnis des Buddha und einige heilige Schriften mit. Der Kaiser wies sie an, im Hakubaji oder „Kloster des weißen Pferds" unterzukommen. Dies ist der erste Zeitpunkt, an dem der Buddhismus im fernen Osten bekannt gemacht wurde. Während der Ära der Späten oder Östlichen Han (25-220) und der Sangoku oder „Drei Reiche" (220-265) fand er noch nicht viel Verbreitung. Aber nach den Westlichen Tsin (265-316) und den Östlichen Tsin (317-420) kam ein Tripitaka-Gelehrter (Sanzô hosshi) nach dem anderen aus Indien nach China und es wurden zahlreiche Schriften ins Chinesische übersetzt. Von dieser Zeit ab fand die dreifache Schulung in höherer Sittlichkeit, höherem Denken und höherem Lernen weite Verbreitung. China ist ein riesiges Land mit einer großen Bevölkerung, so dass wir hier keine detaillierte Geschichte des Bud-

---

[11] [Fußnote im Original] Nr. 1197, d.i. *Jôyui-shiki-ron* vom Übersetzer Genjô, bestehend aus Exzerpten der zehn Kommentare.

dhismus geben können, außer einem Abriss der folgenden dreizehn Schulrichtungen:

1. Die Sanron-shû oder „Schulrichtung der drei Sastras" (siehe Kapitel 5). Im Jahr 409 stellte Kumarajiva seine Übersetzung der drei Sastras fertig (Nr. 1179, 1186, 1188). Seine vier Hauptschüler Dôshô, Sôjô, Dôyû und Sôei – für gewöhnlich mit Shô Jô Yû Ei abgekürzt – kommentierten diese Texte. Diese Schulrichtung wurde während der Sui-Dynastie (589-618) fest etabliert durch Kichizô vom Kajô-Kloster.

2. Die Jôjitsu-shû oder „Satyasiddhi-Sastra-Schulrichtung" (siehe Kapitel 2). Kumarajiva übersetzte das *Jôjitsu-ron* (Nr. 1274), welches von den Mönchen in der folgenden Zeit ausgiebig kommentiert wurde.

3. Die Nehan-shû oder „Nirwana-Schulrichtung". Im Jahr 423 übersetzte Dharmaraksha (Donmusen) das *Nehan-gyô* (Nr. 113). Ekan aus der Sung-Dynastie (424-453) teilte die Lehren hinsichtlich ihrer chronologischen Abfolge in fünf Gruppen ein und bezeichnete die Lehre des *Nirwana-sutra* als die fünfte und beständige Lehre.

4. Die Jiron-shû oder „Dasabhumika-Sastra-Schulrichtung". Im Jahr 508 übersetzte Bodhiruci das *Jûji-ron* (Nr. 1194), welches von den Mönchen der nachfolgenden Zeit ausgiebig kommentiert wurde.

5. Die Jôdo-shû oder „Reines-Land-Schulrichtung" (siehe Kapitel 9). Bodhiruci übersetzte das *Jôdo-ron* bzw. *Amitayus-sutropadesa* (Nr. 1204), d.i. das *Reine-Land-Sastra*, zu dem Donran der Wei-Dynastie (386-534) einen Kommentar schrieb. Zur Zeit von Dôshaku und Zendô (beide lebten zwischen 600 und 650) war diese Schulrichtung fest etabliert.

6. Die Zen-shû oder „Dhyana-Schulrichtung" (siehe Kapitel 10). Im Jahr 520 kam der 28. Patriarch Bodhidharma nach China und gab das Siegel der Lehre an Eka weiter. Es folgten auf ihn Sôsan, Dôshin und Kônin. Nach Kônin spaltete sich die Schulrichtung in fünf Unterschulen auf.

7. Die Shôron-shû oder „Mahayana-samparigraha-Sastra-Schule". Im Jahr 563 übersetzte Paramartha (Shindai) das Shôdaijô-ron (Nr. 1183), welches in der Folge ausgiebig unterrichtet wurde.

8. Die Tendai-shû oder „Schulrichtung vom Tendai-Berg" (siehe Kapitel 7). Im Jahr 551 verstand Emon die Lehre des Buddha anhand des *Hokke-kyô* bzw. *Saddharmapundarika-sutra* (Nr. 134). Auf ihn folgten Eshi und Chiki. Chiki, der besser unter seinem posthumen Namen Chisha Daishi von Tendai (gest. 597) bekannt ist, konnte diese Schulrichtung fest etablieren.

9. Die Kegon-shû oder „Avatamsaka-Sutra-Schulrichtung" (siehe Kapitel 6). Im Jahr 418 übersetzte Buddhabhadra (Kakugen) das *Kegon-kyô* (Nr. 87) in sechzig Abschnitten. Während der Chen-Dynastie (557-589) wurde es von Tojun ausgelegt. Ihm folgte Chigon. Zur Zeit von Hôzô (Genju Daishi, gest. 712) war die Schulrichtung fest etabliert.

10. Die Hossô-shû oder „Dharma-lakshana-Schulrichtung" (siehe Kapitel 4). Im Jahr 645 kehrte Genjô (Hionen-thsang) von Indien nach China zurück und übersetzte zahlreiche Sutras und Sastras. Er hatte 3.000 Schüler; sein Hauptschüler war Ki-ki (Jion Daishi), welcher für eine große Verbreitung der Schulrichtung sorgte.

11. Die Bidon-shû oder „Abhidharma-Schulrichtung" (siehe Kapitel 1). Im Jahr 391 übersetzte Gautama Sanghadeva das *Hosshô-bidon* (Nr.

1288), d.i. das *Abhidharma-hridaya-sastra*, welches ausgiebig von den Mönchen der folgenden Zeit kommentiert wurde. Aber die Blütezeit dieser Schulrichtung liegt in der Zeit von Genjô (um 650), als das *Kusha* oder *Abhidharma-kosa* (Nr. 1267), das *Basha* oder *Mahavibhasa* (Nr. 1263) und andere Sastras ins Chinesische übersetzt wurden.

12. Die Kairitsu-shû oder „Vinaya-Schulrichtung" (siehe Kapitel 3). Im Jahr 410 übersetzte Buddhayasa das *Shibun-ritsu*, den „Vinaya in vier Abschnitten", d.h. den Dharmaguptaka-Vinaya (Nr. 1117). Es gab große Kommentatoren zu diesem Werk während der Tang-Zeit (618-907), unter denen Dôsen von Nanzan oder dem Berg Shûnan als offizieller Lehrer der Schulrichtung gilt.

13. Die Shingon-shû oder „Mantra-Schulrichtung" (siehe Kapitel 8). Im Jahr 716 gelangte Subhakarasimha (Zenmui) nach China und verkündete erfolgreich die geheime Lehre. Auf ihn folgten Vajrabodhi (Kongôchi) und Amoghavajra (Fukû).

Die obigen 13 Schulrichtungen sind diejenigen, welche bis zur Zeit der Tang-Dynastie (618-907) und Sung-Dynastie (960-1280) existierten. Seit der Zeit der Yuan- bzw. Mongolen-Dynastie (1280-1368) ist noch eine Schulrichtung dazugekommen, nämlich die Lehre des *rama* bzw. Lamaismus aus Tibet. 1873 begab ich mich nach Peking und bestieg den Berg Godai (Wutai) im folgenden Jahr. Zwei Jahre später besuchte ich den Tendai-Berg und reiste auch durch Seiko, Nanking, Bushô und Kankô. Auf diese Weise untersuchte ich die Religionen der Menschen in diesem großen Land und fand heraus, dass es drei gibt, nämlich 1. Konfuzianismus (Ju), 2. Buddhismus (Butsu) und 3. Taoismus (Dô).

Es gibt im gegenwärtigen China zwei große Hauptrichtungen innerhalb des Buddhismus, nämliche die Blaue-Roben-Schulrichtung (Seiiha) und die Gelbe-Roben-Schulrichtung (Kôi-ha). Kaiser Taisô (627-649) verheiratete eine seiner Töchter, Bunsei Kôshu, mit Sampu aus Toban in Tibet. Daraufhin wurde ganz Tibet ein Feld für buddhistische Bemühungen. Später ging Sampu nach Indien und verkündete die Lehre des Buddha. Der Lamaismus gehört zur geheimen Lehre und seine Anhänger in China gehören zur Gelben-Roben-Schulrichtung.

Die Blaue-Roben-Schulrichtung besteht aus den Mönchen der alten chinesischen Schulrichtungen. Sie haben die Bezeichnungen Shû oder Grundsätzliches, Kyô oder Lehre und Ritsu oder Ordensregeln. Ihr Grundsatz ist die Versenkung oder *dhyana*; ihre Lehren sind die des *Kegon-* oder *Avatamsaka-sutra*, des *Hokke-kyô* oder *Saddharma-pundarika-sutra* etc.; der Vinaya der vier Abteilungen oder der Dharmaguptaka-Vinaya bilden ihre Ordensregeln. Jedes Kloster hat daher diese drei Bereiche. Die Mönche in den Klöstern auf dem Wutai-Berg gehören der Shôryô-shû an, d.h. der Kegon-Schulrichtung, aber sie praktizieren auch Versenkung und Ordensregeln. Auf dieselbe Weise gehören die Mönche des Tendai-Bergs zur Chisha-shû, d.i. die Tendai-Schulrichtung, praktizieren aber ebenfalls Meditation und Ordensregeln. Die chinesischen Buddhisten scheinen also alle unterschiedlichen Schulrichtungen zu vereinen und so eine einzige, harmonische Schulrichtung zu bilden.

Buddhismus in Japan

Die zwölf in diesem Buch behandelten Schulrichtungen umfassen die wesentlichen Schulrichtungen des japanischen Buddhismus; obwohl die Anzahl erhöht werden könnte, wenn wir die ursprünglichen und die daraus hervorgegangenen Schulrichtungen einzeln auflisten würden. Wir werden nun die zwölf Schulrichtungen in drei Perioden einteilen, nämlich:

1. Die früheste Periode umfasst die ersten sechs Schulrichtungen. Im dreizehnten Jahr der Herrschaft von Kimmei Tennô, im Jahr 522, d.i. 1500 Jahre nach dem Buddha, überreichte der König von Kudara – einem der drei alten Königreiche von Korea – dem japanischen Hof ein Bildnis des Buddha und einige heilige Schriften. Im Jahr 625 kam Ekan aus Koma, einer anderen Region Koreas, nach Japan und wurde zum Begründer der Jôjitsu- und Sanron-Schulrichtungen (Kapitel 2 und 5). Zu dieser Zeit hatte der Thronprinz Shôtoku (gest. 621) bereits die buddhistische Lehre verkündet. Im Jahr 653 ging Dôshô nach China, studierte unter Genjô und überlieferte die Lehren der Hossô-Schulrichtung nach Japan (Kapitel 4). Im Jahr 658 gingen Chitsû und Chitatsu nach China und wurden ebenfalls Schüler von Genjô und überlieferten die Lehren der Hossô- und der Kusha-Schulrichtungen nach Japan (Kapitel 1 und 4). Im Jahr 703 gingen Chihô und Chiran nach China, ebenso Genbôin im Jahr 716. Sie alle überlieferten die Lehren der Hossô-Schulrichtung. Somit gibt es vier unterschiedliche Übertragungs-Zeitpunkte [der Hossô-Lehren]. Im Jahr 736 kam der chinesische Mönch Dôsen nach Japan und begründete die Kegon-Schulrichtung (Kapitel 6). Im Jahr 754 kam Ganjin, ein weiterer chinesischer Mönch, nach Japan und wurde zum Begründer der Ritsu-Schulrichtung (Kapitel 3). Diese sechs Schulrichtungen können die sechs alten Schulrichtungen genannt werden, welche man auch als die sechs Schulrichtungen von Nanto („südliche Hauptstadt"), d.h. Nara, bezeichnet, wo sie in der frühesten Periode Eingang gefunden hatten. Sie werden für gewöhnlich in der Reihenfolge Kusha, Jôjitsu, Ritsu, Hossô, Sanron und Kegon aufgeführt.

2. Die mittelalterlichen Schulrichtungen sind zwei, nämlich die Tendai (Kapitel 7) und Shingon (Kapitel 8). Sie werden als die beiden Kyôto-Schulrichtungen bezeichnet. Im Jahr 804 reisten Saichô und Kûkai nach

China. Nach ihrer Rückkehr nach Japan begründete ersterer die Tendai-Schulrichtung auf dem Hiei-Berg; letzterer begründete die Shingon-Schulrichtung auf dem Berg Kôya. In diesen Schulrichtungen gab es viele herausragende Mönche.

3. Die neuen Schulrichtungen sind die verbleibenden vier. Im Jahr 1174 oder 1175 begründete Genkû die Jôdo-Schulrichtung (Kapitel 9). Im Jahr 1191 begründete Eisai die Zen-Schulrichtung (Kapitel 10). Im Jahr 1224 begründete Shinran die Shin-Schulrichtung (Kapitel 11). Im Jahr 1253 begründete Nichiren die Nichiren-Schulrichtung (Kapitel 12).

Es hat den Anschein, als ob die alten Schulrichtungen nur in der alten Zeit florierten und ebenso die mittelalterlichen und die neuen jeweils nur in ihrer Zeit. Wenn wir die alten Schulrichtungen wiederbeleben und auch die neueren verstärken wollen, dann sind wir auf die Mitwirkung entschlossener Gelehrter aller Schulrichtungen angewiesen. Ist es nicht wahr, dass die Reiche der alten Zeit so weit voneinander entfernt waren wie die äußersten Enden des Himmels oder die Ränder der Erde, so dass es nahezu unmöglich war, hierhin und dorthin zu gehen? Aber in der Neuzeit ist das nicht der Fall und es ist sehr leicht, in kurzer Zeit durch alle möglichen verschiedenen Länder zu reisen, d.h. die Welt ist vergleichsweise klein geworden.

Im *Jôdo-ron*, dem „Reinen-Land-Sastra", heißt es:

„Wenn in irgendeinem Land die Lehre des Buddha, die Perle der guten Eigenschaften, nicht bekannt ist, bitte ich darum, dass alle Bodhisattvas dort geboren werden und den Menschen die Lehre des Buddha aufzeigen, so wie der Buddha selbst."

Müssen die entschlossenen Gelehrten und Männer von Tugend sich nicht dahingehend selbst prüfen und sich eifrig darum bemühen, die Lehre des Buddha zu verkünden?

Kapitel 1: Die Kusha-Schulrichtung (Abhidharma-kosa-sastra)

1. Geschichte der Schulrichtung

Der Ausdruck Kusha ist eine Transkription des Sanskrit-Worts *kosa* oder „Speicher", im Namen der Hauptschrift dieser Schulrichtung, des *Abhidharma-kosa-sastra*,[12] d.i. das „Buch des Schatzes der Höheren Lehre". Es ist von Vasubandhu (Seshin) verfasst, der in Indien neun Jahrhunderte nach dem Buddha lebte. Das Sastra ist in neun Kapitel unterteilt, in denen sich der Autor nicht nur auf die grundlegenden Werke der Sarvastivadin, eine der 18 Schulen der Hinayana-Lehren, bezieht, sondern auch eine Auswahl von Ansichten anderer Schulen gibt. Die Zusammenstellung ist so exzellent, dass es heißt, sie sei in Indien als „Sastra der Steigerung des Intellekts" (*Sômei-ron*) gelobt worden.

Obwohl die Namen der achtzehn Schulen des Hinayana in den heiligen Texten erwähnt werden, sind bislang nur von zwei Schulen die Lehren an uns als Studienobjekte überliefert worden. Diese beiden Schulen sind die Sautrantika (Kyôbu) und die Sarvastivadin (Ubu). Erstere weist gewisse Ähnlichkeiten mit der Jôjitsu-Schulrichtung auf, letztere mit der Kusha-Schulrichtung. Der Charakter des *Abhidharma-kosa-sastra* ist allerdings sehr unparteiisch und enthält auch die besten Lehransichten anderer Schulen.

Die Lehren dieses Sastra sind frei von Einseitigkeit bezüglich der Ansichten der Sarvastivadin oder Sautrantika.

Die Sarvastivadin haben viele Texte, welche zum Abhidharma-Pitaka (Ronzô) gehören, der letzten der Abteilungen des Tripitaka, d.h. der

---

[12] [Fußnote im Original] Nr. 1267 im *Minzô-moku-roku*, dem „Katalog der chinesischen Übersetzung des buddhistischen Tripitaka" von Bunyû Nanjô, Oxford 1883. Ähnliche Nummern im weiteren Text beziehen sich auf denselben Katalog.

drei Abteilungen heiliger Schriften. Dazu gehören eine Hauptschrift und sechs sekundäre Werke in dieser Reihenfolge:

1. *Jnana-prasthana-sastra* bzw. *Hotchi-ron* (Nr. 1275) von Katyayana. Dies ist der zentrale Text, die folgenden sechs Werke werden Shatpada oder „sechs Füße" dieses Hauptwerks genannt.
2. *Dharmaskandhapada* bzw. *Hôunsoku-ron* (Nr. 1396) von Mahamaudgalyayana.
3. *Sangiti-paryaya-pada* bzw. *Shûimonsoku-ron* (Nr. 1276) von Sariputra.
4. *Vijnana-kaya-pada* bzw. *Shikishinsoku-ron* (Nr. 1381) von Devasarman.
5. *Prajnapti-pada* bzw. *Shisetsusoku-ron* (Nr. 1317) von Mahamaudgalyayana.
6. *Prakarana-pada* bzw. *Honruisoku-ron* (Nr. 1217) von Vasumitra.
7. *Dhatukaya-pada* bzw. *Kaishinsoku-ron* (Nr. 1282), ebenfalls von Vasumitra.

Davon abgesehen gibt es ein Werk namens *Mahavibhasa-sastra* bzw. *Daibibasha-ron* (Nr. 1263), welches von 500 Arhat kompiliert wurde und ein Kommentar zum *Jnana-prasthana-sastra* von Katyayana ist.
Im Jahr 563 übersetzte der Inder Paramartha (Shindai) das Sastra des Vasubandhu ins Chinesische, das *Abidamatsu-kusha-shaku-ron* (Nr. 1269). Später, im Jahr 654 während der Tang-Dynastie, erfolgte eine weitere und bessere Übersetzung durch Genjô, in Europa bekannt als Hiouen-thsang, das *Abidamatsu-kusha-ron* (Nr. 1267). Seine Schüler

Fukô und Hôhô verfassten einen Kommentar zu dem Sastra. Davon abgesehen verfassten auch Jindai und Enki einen Kommentar.

Im Jahr 658 reisten Chitsû und Chitatsu, zwei japanische Mönche, nach China, wurden Schüler von Genjô und brachten seine neue Übersetzung des Kosa bzw. Kusha nach Japan. Auf diese Weise wurde das Sastra erstmals im japanischen Reich bekannt. Obwohl sie niemals eine eigenständige Schulrichtung bildeten sondern immer der Hossô-Schulrichtung zugehörig waren, wurden die Lehren dieses Sastra zu allen Zeiten bis auf den heutigen Tag von buddhistischen Gelehrten aller Schulrichtungen studiert.

2. Die Lehren der Schulrichtung

Im *Abhidharma-kosa-sastra* gibt es viele Fachbegriffe, wie *panca-skandha* (*go-un*), d.h. die „fünf Ansammlungen", *ayatana* (*sho*) oder „Orte/Grundlagen", *dhatu* (*kai*) oder achtzehn „Elemente" und *dharma* (*hô*) oder 75 „Faktoren/Phänomene". Alle diese Begriffe werden verwendet, um die Phänomene zu erklären, sowohl die Geschaffenen oder *samskrita* (*u-i*) als auch die Nicht-Geschaffenen oder *asamskrita* (*mu-i*).[13] Es gibt weiterhin die Begrifflichkeiten der „Vier Wahrheiten" oder *satya* (*tai*), der „Zwölf Glieder Abhängigen Entstehens" oder *pratitya-samutpada* (*engi*) etc.

Werfen wir einen Blick auf die 75 Daseinsfaktoren und wie sie gruppiert sind:

A. *Samskrita-dharma* (*u-i-hô*) oder „Geschaffenes". Diese umfassen die ersten 72, die übrigen drei sind die *asamskrita* (*mu-i*) oder Nicht-Geschaffenes. Die 72 geschaffenen Phänomene werden unter folgenden vier Gruppen zusammengefasst:

---

[13] Der englische Text übersetzt den Begriff *dharma* mit „things", *samskrita* mit „compounded things" und *asamskrita* mit „immaterial".

(I) *Rupa* (*shiki*) oder „Form", elf an der Zahl, nämlich:

1. *caksus* (*gen*) oder das „Auge", welches sieht,
2. *srota* (*ni*) oder das „Ohr", welches hört,
3. *grahna* (*bi*) oder die Nase, welche riecht,
4. *jihva* (*zetsu*) oder die Zunge, welche schmeckt,
5. *kaya* (*mi*) oder der „Körper", welcher Objekte berührt.

Diese fünf sind die fünf *indriya* (*kon*) oder „Sinnesorgane", welche eine eminente lebhafte Wirkung haben.

6. *rupa* (*shiki*) oder „Form"
7. *sabda* (*shô*) oder „Ton"
8. *gandha* (*kô*) oder „Geruch"
9. *rasa* (*mi*) oder „Geschmack" und
10. *sparsa* (*soku*) oder „Berührung"

Diese fünf werden die *vishaya* (*kyô*) oder „Sinnesobjekte" genannt, mit denen die Sinnesorgane interagieren.

11. *avijnapti-rupa* (*muhyô-shiki*) oder „nicht-erscheinende Form". Dies ist ein spezieller Faktor. Obwohl er in Wirklichkeit formlos ist, wird er doch „Form" genannt, weil sein Charakter einigen Bezug zu Sprache und Handeln aufweist, aber nicht zum Denken. Wenn eine heilsame oder unheilsame Handlung offenbar ist, folgt ihr etwas im Handelnden nach, welches dennoch nicht sichtbar ist. Darum wird es als etwas Eigenes aufgefasst.

(II) *Citta* (*shin*) oder „Geist" [*mind*]; auch *manas* (*i*) bzw. „Denken" [*thought*] oder *vijnana* (*shiki*) bzw. Bewusstsein [*knowledge*] genannt. Das *manas* wird mit dem Mark eines Baumes verglichen, das alle Zweige, Blätter, Blüten und Früchte in einem Körper zusammenführt.

Wenn es den fünf Sinnesorganen und dem Denken folgt, wird es als sechsfach angesehen. Aber das *citta* selbst ist nur ein einziges, so dass es nicht an zwei oder mehr verschiedenen Orten zur gleichen Zeit erscheinen kann. Darum spricht das *Abhidharma-kosa-sastra* vom Geist als einem einzigen, aber mit sechs verschiedenen Arten von *vijnana* oder Bewusstsein, nämlich:

12. (1) *caksur-vijnana* (*gen-shiki*) oder „Augen-Bewusstsein"
(2) *srota-vijnana* (*ni-shiki*) oder „Ohren-Bewusstsein"
(3) *ghrana-vijnana* (*bi-shiki*) oder „Nasen-Bewusstsein"
(4) *jihva-vijnana* (*zetsu-shiki*) oder „Zungen-Bewusstsein"
(5) *kaya-vijnana* (*shin-shiki*) oder „Körper-Bewusstsein"
(6) *mano-vijnana* (*i-shiki*) oder „Geist-Bewusstsein". Es wird auch *mano-raja* (*shinnô*) oder „Geist-Herrscher" genannt, weil es an jedes Objekt denkt, bevor es erscheint, so wie ein Monarch die oberste Kontrolle über alle Angelegenheiten hat, auch wenn der Geist oder das Denken selbst nach allem nur einer der 75 Daseinsfaktoren sind, ohne einen *atman* oder ein Selbst.

(III) *Caitta-dharma* (*shinjou-hô*) oder „geistige Qualitäten". Es gibt 46 verschiedene Qualitäten, welche unter sechs Gruppen zusammengefasst sind:

(a) *Maha-bhumika-dharma* (*dai-ji-hô*) oder „Qualitäten des großen Grundes". Dies sind zehn an der Zahl, welche jeden „Geist" oder jedes „Denken" begleiten:[14]

---

[14] Die englischen Begriffe für die Sanskrit-Ausdrücke weichen teilweise von den üblichen deutschen Übersetzungen ab. Ich habe hier die geläufigen Termini gewählt, die englischen Begrifflichkeiten aber in Klammern angegeben.

13. (1) *vedana* (*ju*) oder „Wahrnehmung" [*perception*]
14. (2) *samjna* (*sô*) oder „Name" [*name*]
15. (3) *cetana* (*shi*) oder „Absicht" [*intention*]
16. (4) *sparsa* (*soku*) oder "Berührung" [*touching*]
17. (5) *chanda* (*yoku*) oder „Verlangen" [*desire*]
18. (6) *mati* (*e*) oder „Intelligenz" [*intelligence*]
19. (7) *smriti* (*nen*) oder „Erinnerung" [*memory*]
20. (8) *manasakara* (*sa-i*) oder „Aufmerksamkeit" [*attention*]
21. (9) *adhimoksha* (*shôge*) oder „Entschluss" [*determination*]
22. (10) *samadhi* (*sammaji*) oder „Sammlung" [*self-concentration*]

(b) *Kusala-mahabhumika-dharma* (*dai-zenji-hô*) oder „Qualitäten des großen heilsamen Grundes". Es sind zehn an der Zahl, welche jeden heilsamen Geist begleiten:

23. (1) *sraddha* (*shin*) oder „Vertrauen" [*calmness of mind*]
24. (2) *apramada* (*fuhôitsu*) oder „Sorgfalt" [*carefulness*]
25. (3) *prasrabdhi* (*kyôan*) oder „Zuversicht" [*confidence*]
26. (4) *upeksha* (*sha*) oder „Gleichmut" [*equanimity*]
27. (5) *hri* (*zan*) oder „Schamgefühl" [*shame*]
28. (6) *apatrapa* (*gi*) oder „Bescheidenheit" [*bashfulness*]
29. (7) *alobha* (*muton*) oder „Gierlosigkeit" [*absence of covetousness*]
30. (8) *advesha* (*mushin*) oder „Hasslosigkeit" [*absence of anger*]
31. (9) *ahimsa* (*fugai*) oder „Nicht-Schädigen" [*not hurting*]
32. (10) *virya* (*gon*) oder „Anstrengung" [*effort*].

Zu diesen zehn werden im *Vibhasha-sastra* zwei weitere angeführt, nämlich „Wunsch" (*gon*) und Abneigung (*en*). Aber da sie nicht im gleichen Moment bestehen, sind sie hier ausgelassen.

(c) *Klesa-mahabhumika-dharma* (*dai-bonnôji-hô*) oder „Qualitäten des großen Grundes der Befleckungen". Es sind sechs an der Zahl, welche jeden befleckten Geist begleiten:

33. (1) *moha* (*mumyô*) oder „Unwissenheit"
34. (2) *pramada* (*hôitsu*) oder „Nachlässigkeit"
35. (3) *kausidya* (*kedai*) oder „Trägheit"
36. (4) *asraddhya* (*fushin*) oder „Zweifel"
37. (5) *styana* (*konjin*) oder „Faulheit"
38. (6) *auddhatya* (*jôko*) oder „Dünkel"

(d) *Akusala-mahabhumika-dharma* (*daifuzenji-hô*) oder „Qualitäten des großen unheilsamen Grundes". Dies sind zwei an der Zahl, welche jeden unheilsamen Geist begleiten:
39. (1) *ahrikata* (*muzan*) oder „Schamlosigkeit"
40. (2) *anapatrapa* (*mugi*) oder „Maßlosigkeit"

(e) *Upaklesa-bhumika-dharma* (*shôbonnôji-hô*) oder „Qualitäten des Grundes sekundärer Befleckungen". Dies sind zehn an der Zahl, welche nicht alle zusammen den Geist im selben Moment begleiten wie Unwissenheit etc. sondern nur nacheinander; darum werden sie „sekundäre Befleckungen" genannt.

41. (1) *krodha* (*fun*) oder „Ärger"
42. (2) *mraksha* (*fuku*) oder „Heuchelei" [*hypocrisy*]
43. (3) *matsarya* (*ken*) oder „Eigensinn" [*selfishness*]
44. (4) *irshya* (*shitsu*) oder „Neid"
45. (5) *pradasa* (*nô*) oder „Übelwollen" [*vexation*]
46. (6) *vihimsa* (*gai*) oder „Schädigen"
47. (7) *upanaha* (*kon*) oder „Feindseligkeit" [*enmity*]

48. (8) *maya* (*ten*) oder „Täuschung" [*deceit*]

49. (9) *sathya* (*ô*) oder „Unaufrichtigkeit" [*dishonesty*]

50. (10) *mada* (*kyô*) oder „Eitelkeit" [*vanity*]

(f) *Aniyata-bhumika-dharma* (*fujôji-hô*) oder „Qualitäten des ungewissen Grundes". Diese sind acht an der Zahl, welche den Geist zu jeder Zeit begleiten:

51. (1) *vitarka* (*jin*) oder „Gedanken-Fassen" [*reflection*]

52. (2) *vicara* (*shi*) oder „Diskursives Denken" [*investigation*]

53. (3) *kankritya* (*akusa*) oder „Reue"

54. (4) *middha* (*suimen*) oder „Schläfrigkeit"

55. (5) *raga* (*ton*) oder „Verlangen"

56. (6) *pratigha* (*shin*) oder „Ärger"

57. (7) *mana* (*man*) oder „Stolz"

58. (8) *vicikitsa* (*gi*) oder „Zweifel"

Die obigen 46 Faktoren (III a- f) sind geistige Qualitäten (*shin-jô*).

(IV) *Citta-viprayukta-samskara* (*shinfusôô-hô*) oder „vom Geist getrennte Konzeptionen". Diese sind insgesamt vierzehn:

59. (1) *prapti* (*toku*) oder „Erlangen" [*attainment*]

60. (2) *aprapti* (*hitoku*) oder „Nicht-Erlangen"

61. (3) *sabhagata* (*dôbun*) oder „Häufigkeit" [*commonness*], d.h. dasjenige, was lebende Wesen gleich macht

62. (4) *asamjnika* (*musôka*) oder „Verwirklichung von Gedankenfreiheit" [*namelessness*], d.h. der Zustand eines Wesens, das im Asamjnika-Himmel geboren ist, wo sein Geist und seine geistigen Fähigkeiten für einhundert Zeitalter (*kalpa*) ruhen

63. (5) *asamjnika-samapatti* (*musôjô*) oder „formlose Versenkung" [*attainment of namelessness*] durch einen verehrungswürdigen Menschen

64. (6) *nirodha-samapatti* (*metsujinjô*) oder „Erlangung der Auslöschung" von den Ketzern

65. (7) *jivita* (*myôkon*) oder „Lebensfähigkeit"

66. (8) *jati* (*shô*) oder „Geburt"

67. (9) *sthiti* (*jû*) oder „Dasein"

68. (10) *jara* (*i*) oder „Verfall"

69. (11) *anityata* (*metsu*) oder „Unbeständigkeit". Obige vier (66-69) werden die vier Formen der gestalteten Dinge genannt (*shiu-i-sô*).

70. (12) *nama-kaya* (*myôshin*) oder „Name"

71. (13) *pada-kaya* (*kushin*) oder „Wort"

72. (14) *vijnana-kaya* (*monshin*) oder „Buchstabe"

Somit gibt es 72 bedingte Phänomene, welche allesamt unter die fünf Ansammlungen oder *skandha* fallen. Die folgenden drei Phänomene beschließen die 75 Daseinsfaktoren bzw. *dharma*, welche im *Abhidharma-kosa-sastra* erklärt werden. Sie sind nicht in den fünf Ansammlungen enthalten, sondern sind ihrem Wesen nach nicht-bedingt.

B. *Asamskrita-dharma* (*mui-hô*) oder „nicht-gezeugte Phänomene" [*immaterial things*]

73. (1) *pratisamkhya-nirodha* (*chakumetsu*) oder „bewusste Beendigung"

74. (2) *apratisamkhya-nirodha* (*hichakumetsu*) oder „nicht-bewusste Beendigung"

75. (3) *akasa* (*koku*) oder „Raum"

Die obigen 75 *dharma* sind, wie wir gesehen haben, in zwei Klassen unterteilt, gestaltete Phänomene [*compounded things*] und nicht-gestaltete Phänomene [*immaterial things*]. Erstere umfassen alle aus einer Ursache gezeugten Dinge. Diese Ursache ist das Karma, dem alles Existierende unterworfen ist, abgesehen von Raum (*akasa*) und Nirwana (*nirodha*).

Von den drei nicht-gestalteten Phänomenen können die letzten beiden nur von vollständig Erleuchteten verstanden werden. Daher wird die bewusste Beendigung als Ziel der Bemühungen von denen angesehen, welche sich um Befreiung vom Leiden bemühen.

Entsprechend der Lehren des *Abhidharma-kosa-sastra* gibt es eine Einteilung in die drei Fahrzeuge oder *yana* der Hörer bzw. *sravaka* (*shômon*), der Selbst-Verwirklicher bzw. *pratyekabuddha* (*engaku*) und der Bodhisattva (*bosatsu*), welche helfen Zweifel zu zerstreuen und die Wahrheit verständlich zu machen. Die *sravaka* meditieren über Ursache und Wirkung aller Dinge. Wenn ihr Verständnis ausgereift ist, werden sie frei von Verwirrung hinsichtlich der drei Geburten. Aber wenn sie träge sind, vergehen sechzig *kalpa,* bis sie den Zustand der Erleuchtung erreichen. Die *pratyekabuddha* meditieren über die zwölf Glieder des abhängigen Entstehens (*juni-innen*) oder Erkennen die Nicht-Beständigkeit der Welt, während sie verwelkende Blumen und herab-fallende Blätter betrachten. So werden sie erleuchtet, nachdem sie vier verschiedene Geburten durchschritten haben, oder nach einhundert Zeitaltern, je nach ihrer Fähigkeit.

Die Bodhisattva praktizieren die sechs *paramita* (*rokudo*) oder „Voll-endungen" und werden Buddhas nach drei zahllosen (*asamkhya*) Zeital-tern. Die sechs Vollendungen sind die vollkommene Ausübung dersel-ben Anzahl von Tugendkräften eines Bodhisattva und eine Voraussetzung und Bedingung für die Erlangung der Buddhaschaft. Es handelt sich um:

1. *dana-paramita* oder „Vollkommenheit des Gebens"
2. *sila-paramita* oder „Vollkommenheit der Sittlichkeit"
3. *kshanti-paramita* oder „Vollkommenheit der Ausdauer/Geduld"
4. *virya-paramita* oder „Vollkommenheit der Tatkraft"
5. *dhyana-paramita* oder „Vollkommenheit der Meditation"
6. *prajna-paramita* oder „Vollkommenheit der Weisheit"

Der Grund, warum all diese Aspekte in dem Sastra so minutiös erklärt werden, besteht darin, die Idee eines Selbst (*atman*) loszuwerden und die Wahrheit aufzuzeigen, um so die Wesen zum Nirwana zu führen.

Wer mehr über diese Lehre erfahren möchte, sollte das *Abhidharmakosa-sastra* studieren, unter Zuhilfenahme der beiden chinesischen Kommentare von Fukô und Hôhô. Im Anschluss können dann die anderen Sastras der Sarvastivadin studiert werden, welche wir bereits erwähnt haben.

Kapitel 2: Die Jôjitsu-Schulrichtung (Satyasiddhi)

1. Die Geschichte der Schulrichtung

Das Hauptwerk dieser Schule trägt den Titel *Jôjitsu-ron* oder *Satyasiddhi-sastra* (Nr. 1274), was wörtlich „Diskurs der Vollendung der Wahrheit" bedeutet. Das Werk enthält Auszüge und Erklärungen zur wahren Bedeutung des Tripitaka oder „Dreikorbs" (*sanzô*) der vom Tathatagata verkündeten Hinayana-Lehren. Es ist die Arbeit eines Inders namens Harivarman („Löwen-Rüstung"), einem Schüler von Kumarila-bhatta (Kumarada), der ein Gelehrter der Sarvastivada-Schule (Ubu) war und neunhundert Jahre nach dem Buddha lebte.

Harivarman, unzufrieden mit den oberflächlichen Ansichten seiner Lehrer, erstellte eine Sammlung der besten und ausführlichsten Interpretationen, welche es in den verschiedenen Hinayana-Schulen gab. Darum ist auch nicht klar, zu welcher Schulrichtung er ursprünglich gehörte. Einige sagen, es seien die Bahusrutika (Tamonbu), andere sagen, es seien die Sautrantika (Kyôbu). Wieder andere sagen, es seien die Dharmagupta (Donmutokubu) und wieder andere sprechen von den Mahisasaka (Kejibu). All diese unterschiedlichen Versionen sind gleichermaßen unbewiesen. Es ist darum besser, das Werk als unabhängig und einfach eklektisch anzusehen, als Versuch, die besten Lehren von allen Schulen zusammenzuführen.

Des Weiteren stimmten Tendai, Kajô und Kumarajiva (Raju) darin überein, das Werk als dem Hinayana zugehörig zu betrachten; während Hôun, Chizô und Monbin – die sogenannten „drei großen Lehrer der Liang-Dynastie (502-557) – es als dem Mahayana zugehörig ansehen. Auch diese Ansichten sind einseitig. Der Vinaya-Lehrer Nanzan jedoch sagte, dass die Lehren des Sastras dem Hinayana entsprächen, während seine Erklärungen mit dem Mahayana vereinbar sind. Diese Ansicht könnte sich als zutreffend erweisen. Das Verständnis des Verfassers des

Sastras war so klar, dass er in der Lage war, die tiefe Bedeutung des Tripitaka zu erklären, ebenso wie den unwirklichen Charakter allen menschlichen Wissens, wie es im Mahayana der Fall ist.

Was sind die besten Aussagen aller Schulen des Hinayana, welche im *Satyasiddhi-sastra* zusammengetragen sind? Es sind einmal die Leerheit und Nicht-Realität und sodann, welche Arten der Meditation praktikabel sind. Als erstes geht es um die Meditation über die Leerheit oder Nicht-Realität.

Wie bei einem leeren Becher gibt es nichts innerhalb der fünf Ansammlungen oder *skandha* (welche dasjenige ausmachen, was wir das Bewusstsein eines intelligenten Subjekts nennen), was *atman* oder Selbst genannt werden könnte. Dies ist daher die Meditation über die Leerheit oder Nicht-Wirklichkeit eins Selbst bzw. *atman* [Leerheit des Selbst].

Das zweite ist die Meditation über das Nicht-Selbst. Wie die Natur des Bechers an sich unwirklich ist, so sind alle Phänomene innerhalb der fünf *skandha* nur Bezeichnungen. Das ist die Meditation über die Phänomene bzw. *dharma* [Leerheit der Erscheinungen]. Auf diese Weise werden die zwei Arten der Nicht-Wirklichkeit erklärt, so dass die Bedeutung des Sastras die beste von allen Hinayana-Schulen erfasst. Aber was den Weg zur Überwindung der Hindernisse zur Erleuchtung betrifft, von denen die subtilsten formal als *shochi-shô* oder „Hindernisse zur Allwissenheit" bezeichnet werden, so werden sie auf diese Weise nicht beseitigt. Nur die Hindernisse des Sehens und Nachdenkens, welche als *bonnô-shô* oder „Hindernisse der Leidenschaften" bekannt sind [d.i. Hindernisse zur Befreiung], werden entfernt. Dies ist die Unterscheidung zwischen dem Mahayana und dem Hinayana.

In der Sarvastivada-Schulrichtung (Ubu) heißt es, dass der *atman* oder das Selbst unwirklich sind, während die Phänomene bzw. *dharma* wirklich sind. Daher sind in der Lehre dieser Schulrichtung die drei Daseins-Zustände [Vergangenheit, Gegenwart und Zukunft] real und das Wesen der Phänomene oder *dharma* ist kontinuierlich existent.

Aber die Lehre des *Satyasiddhi-sastra* erläutert die Leerheit des Selbst und der Phänomene. Sie behauptet, dass Vergangenheit und Zukunft nicht real sind und nur der momentane oder gegenwärtige Zustand der Dinge als wirklich anzusehen ist. Das heißt, der wahre Zustand der Phänomene befindet sich in stetigem Wandel, da er jeden Augenblick, d.i. *kshana* (*setsuna*), erzeugt und zerstört wird. Dennoch hat es den Anschein als ob die Phänomene Bestand hätten; so wie man einen Feuerring sieht, wenn eine brennende Fackel schnell im Kreis bewegt wird. Dies wird „fortgesetzter vorübergehender Zustand" (*sôzokuke*) genannt. Diejenigen Zustände, welche durch bestimmte Ursachen und Verbindung von Umständen gezeugt sind, werden „von Ursachen bewirkte vorübergehende Zustände" (*injôke*) genannt. Die Bezeichnungen der Phänomene entstehen vorübergehend durch den Vergleich von diesem und jenem. Dies wird „vorübergehender Zustand durch Vergleich" genannt. Somit sind alle Phänomene ephemerisch, so wie Blasen, und daher leer und vergänglich. Die lebenden Wesen unter den oben angeführten drei Arten von begrenzter Dauer zu betrachten wird die „Leerheit der Wesen bzw. des Selbst" genannt. Dabei handelt es sich nicht um die gleiche Meinung wie die der Abhidharma-Schulrichtung zu diesem Thema, denn dort wird ein Selbst nur innerhalb der fünf Ansammlungen negiert. Unwissende Menschen und Ketzer kennen nicht diese beiden Arten der Leerheit des Selbst und der Phänomene und haben eine falsche Auffassung des Sehens und Denkens, wodurch sie dem Leiden der Wiedergeburt unterworfen sind. Wenn man die Bedeutung der zwei Arten von Leerheit versteht und die dazugehörigen Mediationen ausübt, werden alle Leiden geheilt.

Diese zweifache Leerheit ist nicht diejenige des Wesens selbst, sondern diejenige des Zerbrechens oder Zerstörens eines *atman* bzw. Selbst und der Phänomene bzw. *dharma*. Das ist einer der Unterschiede im Mahayana und im Hinayana. Weiter heißt es im Sastra, dass „man Erleuchtung mit einer Wahrheit oder *satya* (*tai*) erreichen kann, nämlich derjenigen der Auslöschung bzw. *nirodha* (*metsu*), der Beendigung des Leids". Dies ist die dritte der Vier Edlen Wahrheiten (*shishôtai*), welche besagt, dass die Anhänger der drei Fahrzeuge (d.i. der *sravaka*, *pratyekabuddha* und *bodhisattva*) die Wahrheit auf dieselbe Weise erfassen und dass sie den Pfad durch ein Verständnis der vier Wahrheiten erlangen. Dementsprechend gibt es zwei Weisen, den Titel des *Satyasiddhi-sastra* oder „Diskurs über die Vollendung der Wahrheit" zu erklären: Die erste sagt, er laute so, weil es die wahre Bedeutung der zweifachen Leerheit auf vollkommene Weise erklärt. Die zweite sagt, dass es die Wirklichkeit der Vier Edlen Wahrheiten erläutert.

Dies ist nur ein kurzer Abriss der Lehre dieser Schulrichtung.

2. Geschichte der Schulrichtung

Dem *Kaigen-roku* (Nr. 1485) zufolge, einem während der Kaigen-Periode im Jahr 730 kompilierten Katalog buddhistischer Bücher, hat Kumarajiva das Sastra dieser Schule unter der Jin-Dynastie der Yô-Familie in den Jahren 411-412 übersetzt. Aber das *Naiden-roku* (Nr. 1483), ein anderer und früherer, um 667 erstellter Katalog, gibt das Datum der Übersetzung fünf Jahre früher, d.h. für das Jahr 406 an.

Das Sastra ist in sechzehn oder zwanzig Bände mit 202 Kapiteln unterteilt. Als die Übersetzung erstellt war, beauftragte Kumarajiva seinen Schüler Sôei, darüber Vorlesungen zu halten; alle seine 3.000 Schüler studierten und kommentierten es.

Während der Liu-Song-Dynastie (420-479) schrieben Sôdô und Dôkô jeweils einen Kommentar; die drei großen bereits erwähnten Lehrer

[Hôun, Chizô und Monbin] lehrten die Ansichten dieser Schule während der Liang-Dynastie (502-557). Hôkei verfasste einen weiteren Kommentar in 20 Bänden während der Chen-Dynastie (557-589), der während der Sui-Dynastie (589-618) und der ersten Phase der Tang-Dynastie (618-907) florierte. Aber nach der Rückkehr Genjôs von seiner berühmten Indienreise der Jahre 629-645 nach China erlangten die Lehren der Kusha- und Hossô-Schulrichtung mehr Verbreitung.

Der Buddhismus gelangte erstmalig im Jahr 552 über Korea nach Japan. Dreizehn Jahre später wurde der Kronprinz Shotoku geboren, der als Erwachsener einer der größten Wegbereiter des Buddhismus wurde. Er studierte die Lehren der Sanron- und Jôjitsu-Schulrichtung unter der Anleitung der koreanischen Priester Eji, Esô und Kanroku. Infolge dessen fußt er in seinen Kommentaren zu den drei Sutren *Saddharma-pundarika* bzw. *Hokke* (Nr. 134), *Srimala* bzw. *Shôman* (Nr. 59) und *Vimalakirti-nirdesa* bzw. *Yuima* (Nr. 146) auf den Erklärungen von Kôtaku, einem Lehrer der Jôjitsu-Schule und zugleich einem Verkünder der Mahayana-Lehren. Im Jahr 625 kam Ekan aus Korea nach Japan. Wie Kanroku, der sich bereits in Japan befand, war er ein Gelehrter der Sanron-Schulrichtung. Bevor er aus Korea nach Japan aufbrach, ging er nach China und wurde ein Schüler von Kajô, dem Begründer der Schulrichtung. Die Lehren der Jôjitsu-Schulrichtung wurden also in Japan zur gleichen Zeit bekannt wie diejenigen der Sanron-Schulrichtung durch Kanroku und Ekan. Aus diesem Grund wurde die Jôjitsu-Schulrichtung in der Folge immer als ein Zweig der Sanron-Schulrichtung angesehen. Die Jôjitsu-Gelehrten verwendeten zum Sastra immer einen umfangreichen, 16-bändigen Kommentar des koreanischen Gelehrten Dôzô. Daneben gibt es zwei weitere Kommentare, das *Jôjitsu-gisho* in 23 Bänden und das *Jôjitsu-girin* in zwei Bänden. Der Grund, warum die Gelehrten der Sanron-Schulrichtung vor allem das *Jôjitsu-ron* studierten, liegt darin, dass Kajô, der Begründer der Sanron-Schule, ständig die Lehren dieses Sastras in seinen Arbeiten zurückweist, und zwar mit der Absicht, die Lehren des Mahayana und der Leerheit oder Nicht-Wirklichkeit zu verdeutlichen.

Die Kusha- und die Jôjitsu-Schulrichtung sind beide nie selbstständig geworden; die erste wurde ein Zweig der Hossô-Schulrichtung, die zweite der Sanron-Schulrichtung. Kûkai, d.i. Kôbô Daishi von der Shingon-Schulrichtung, sagte in seinen letzten Anweisungen, dass seine Schüler die Lehren der Hossô- und Sanron-Schulrichtung studieren sollten. Wenn sie dies täten, würden sie auch die Lehren der Jôjitsu-Schule kennen. Gegenwärtig ist die Sanron-Schulrichtung fast ausgestorben; um wie viel weniger kann da die Jôjitsu-Schulrichtung fortbestehen? Es bleibt zu hoffen, dass sich jemand daran erinnert und ihr Studium erneuert, um so die Unterschiede zwischen Mahayana und Hinayana besser zu verstehen.

Kapitel 3: Die Ritsu-Schulrichtung (Vinaya)

1. Die Lehren der Schulrichtung

Diese Schulrichtung wurde von dem chinesischen Mönch Dôsen (Dao-xuan) oder Chôshô Daishi begründet, der auf dem Shûnan-Berg zu Beginn der Tang-Dynastie (618-907) lebte. Er war wohlvertraut mit dem Tripitaka und besonders mit den Ordensregeln bzw. Vinaya. Er selbst folgte den Ordensregeln der Dharmagupta-Schulrichtung (Nr. 1117), entsprechend den „Vier Abteilungen der Ordensdisziplin" bzw. *shibun-ritsu*, und lehrte ihn auch seinen Schülern. Es gibt ein von ihm für seine Schüler verfasstes Werk mit dem Namen *Kyôkai-gi* oder „Regeln der Anleitung". In seinem Vorwort zu dem Werk heißt es: „Wenn man nicht *dhyana* (*zenna*) und *samadhi* (*sammai*) praktiziert, d.h. Meditation und Versenkung, kann man die Wahrheit nicht erkennen. Wenn man nicht alle heilsamen Vorschriften befolgt, kann man die überragende Übung nicht vollenden." Das zeigt, dass die Weisheit der Versenkung durch die Einhaltung der moralischen Vorschriften getragen wird.

Darüber hinaus bewirkt die Kraft des Vinaya bzw. der Regeln die lange Fortdauer des Gesetzes des Buddha in der Welt. Wenn die Lehre des Buddha fortbesteht, wird es kein Unglück im Land geben und die Menschen können zur Erleuchtung gelangen. Er ist die Wurzel aller heilsamen Aktivitäten. Er wird nicht nur von den Anhängern des Hinayana befolgt, sondern ohne Unterschied auch im Mahayana. Darum wird er im *Srimala-Sutra* oder *Shômangyô* (Nr. 59) auch die „Bildung des Mahayana" genannt. Im *Mahaprajna-paramita-sastra* bzw. *Daichido-ron* (Nr. 1169) werden achtzig Abschnitte des Vinaya, wie sie von Upali bei vielen Gelegenheiten in den drei unmittelbar auf den Eingang des Buddha ins Nirwana folgenden Sommer-Monaten rezitiert wurden, als *sila-paramita* oder „Vollkommenheit der Sittlichkeit" bezeichnet. Es gibt keine separate, aus Bodhisattvas bestehende Gemeinde (*samgha*) oder Priesterschaft in der Lehre des Shakyamuni. Diejenigen, welche die Bedeutung der Lehren verkennen, halten sich nicht an die im Hinayana befolgten Vorschriften und behaupten, sie wären Anhänger des Mahayana. Das ist jedoch ein großer Irrtum. Dôsen widerlegt diese Ansicht in seinen Werken. Im *Gôsho,* in der „Schrift zum Handeln" (Karma), begründet er eine dreifache Einteilung der Lehren:

1. Die Schulrichtung der Wahren Lehre (*jippô* bzw. *jitsu-hô-shû*), d.i. die Sarvastivada-Schulrichtung, in der *rupa* (*shiki*) bzw. Form als das Substrat von Sittlichkeit bzw. *sila* angesehen wird.

2. Die Schulrichtung der temporären Benennung (*kemyô-shû*), d.i. die Dharmagupta-Schulrichtung, von der das Substrat der Sittlichkeit weder als Form noch als Geist angesehen wird. Sie ist in ihrer Bedeutung daher tiefgründiger als die vorangehende.

3. Die Schulrichtung der vollständigen Lehre (*engyô-shû*), d.h. die Lehren des *Saddharma-pundarika-sutra* bzw. *Hokke-kyô* (Nr. 134) und des *MahapariNirwana-sutra* bzw. *Nehan-kyô* (Nr. 113, 114), anhand derer vorläufige Fahrzeuge wie das Hinayana eindeutig als Mittel verstanden werden können, um den wahren Pfad zu erreichen. In den obigen beiden Sutren werden die drei Fahrzeuge akzeptiert, aber in einem einzigen Fahrzeug zusammengeführt, dem Mahayana. Formal wird dies als *kai-e*, wörtlich „Öffnen bzw. Zulassen und Vereinen" bezeichnet. Dôsen stützt sich auf dieses Prinzip und führt seine Schüler zur vollständigen Lehre. Das ist das Charakteristische des von ihm gelehrten Vinaya und es macht auch die Lehre der Vinaya-Schulrichtung in Japan aus.

Obwohl der Dharmagupta-Vinaya (*shibun-ritsu*) des Hinayana von dieser Schulrichtung verwendet wird, ist die Lehre selbst ihrem Charakter nach vollständig und unmittelbar (*en-don*), d.h. ohne jegliche Unterscheidung hinsichtlich größeren und kleineren Fahrzeugen oder bezüglich des dreifachen Lernens (*sangaku*) – Sittlichkeit, Meditation und Weisheit. Sie ist sehr fortgeschritten und tiefgründig und stimmt mit der im *Saddharma-pundarika-sutra* (*Hokke-kyô*) erklärten „wahren Natur" (*jissô*) überein, ebenso wie mit der „Beständigkeit" (*jô-ju*) des *MahapariNirwana-sutra* (*Nehan-kyô*) und dem „Stand der Wirklichkeit" bzw. *dharma-dhatu* des *Avatamsaka-sutra* (*Kegon-kyô*).

Man kann von den Ordensregeln der anderen Schulrichtungen sagen, dass sie die gleiche Bedeutung haben wie das bereits erklärte „Öffnen und Zulassen" (*kai-e*). Warum hat Dôsen zu Begründung seiner Ansicht lediglich den Vinaya der Dharmagupta ausgewählt? Vermutlich weil dieser von jeher von den Buddhisten in China verwendet wurde. Es ist der Vinaya der Schulrichtung der „temporären Benennung" (*kemyô-shû*), welcher denjenigen der Schulrichtung der „Wahren Lehre" (*jippô-shû*) übertrifft. Zudem ist dies zweckmäßig für die Etablierung der Lehre, welche beide Fahrzeuge vereint, da dieser Vinaya gleichermaßen im Mahayana anwendbar ist, obwohl er ursprünglich aus dem Hinayana stammt. Aus diesem Grund lehrte Dôsen die herausragende Sittlichkeit des einen Fahrzeugs der Vollendung, ohne sie vom Vinaya der Dharmagupta zu lösen.

Die oben angeführte dreifache Einteilung der Lehre erfolgte v.a. mit Hinsicht auf die befolgte Sittlichkeit, umfasst aber gleichzeitig die Lehren bezüglich der Meditation und Weisheit. Davon abgesehen hat Dôsen die gesamten Lehren des Tathagata (Nyorai, d.i. des Buddha) in drei Gruppen eingeteilt, nämlich:

1. Die Lehre von der Leerheit der Natur/Substanz (*shô-kû-kyô*), welche alle Hinayana-Lehren einschließt.
2. Die Lehre der Leerheit der Form (*sô-kû-kyô*), welche alle niedrigeren Lehren des Mahayana enthält.
3. Die Lehre von der Vollendung des einzigen Wissens (*yuishikiengyô*), welche alle tiefergehenden Mahayana-Lehren umfasst.

Diese dreifache Unterteilung erfolgt mit Bezug auf die Lehren der Meditation und Weisheit und schließt die vom Buddha während seines gesamten Daseins gelehrte Sittlichkeit mit ein.

Der Vinaya der vier Abteilungen (*shibun-ritsu*) ist Teil der Lehre von der Leerheit der Natur. Aber Dôsen beurteilt ihn von seinem eigenen Denken her als Lehre von der Vollendung des einzigen Wissens, da das dreifache Lernen von Sittlichkeit, Meditation und Weisheit (*kai-jô-e sangaku*) in Wirklichkeit einander vollständig durchdringe (*ennyû-muge*).

Darüber hinaus gilt, dass wenn über das Studium der Sittlichkeit (*sila*) der Vollendung mit Bezug auf Vernunftgründe gesprochen wird, jede *sila* die drei kollektiven und reinen *sila* (*sanjujô-kai*) mit einschließt, nämlich 1. die Sittlichkeit guten Betragens, 2. die Sittlichkeit des Sammelns und Bewahrens guter Handlungen, 3. die Sittlichkeit der Wohltätigkeit gegenüber anderen Wesen. Aber wenn über sie mit Bezug auf die Form gesprochen wird, gibt es zwei Wege sie anzunehmen, nämlich gründlich oder teilweise. Sie gründlich anzunehmen (*tsû-ju*) bedeutet, die oben angeführten drei Ansammlungen zu erhalten. Sie teilweise anzunehmen (*betsu-ju*) bedeutet, zunächst nur die erste der drei Ansammlungen zu empfangen, d.i. die Sittlichkeit guten Betragens. Die Lehre von der Sittlichkeit der Vollendung in der Bedeutung (*en-i-kai*), wie sie von Dôsen begründet wurde, ist die spätere Art des

Annehmens durch einen Bodhisattva. In dieser Lehre gibt es eine Handlung, welche *byakushi-komma* oder *ichi-byaku-san-komma* genannt wird, wörtlich „einmal (seinen Wunsch) äußern (und) dreimal eine Handlung (wiederholen)". Das heißt, wenn jemand die *sila* annehmen möchte, soll er dies vor einer Gruppe von Mönchen bekunden, dann wiederholt er dreimal das Ritual oder *karma-vacana*, welches sein Lehrer ihn gelehrt hat. Danach empfängt er die *sila* der Bodhisattvas. Das ist es, was mit „gründlichem Empfangen" gemeint ist.

Gegenwärtig bereiten sich die Anhänger der Vinaya-Schulrichtung daher auf beide Formen des Empfanges der *sila* auf der Zeremonienplattform (*danjô*) vor, vollständig und teilweise, und beachten die Sittenregeln entsprechend dem Vinaya der vier Abteilungen (den Hinayana-Vinaya) und entsprechend dem *Brahmajala-sutra* (d.i. dem Mahayana). Die Begriffe „vollständiges und teilweises Annehmen" kamen in der Hossô-Schulrichtung auf und wurden von Dôsen in ihrem aktivsten Sinne aufgegriffen. Wer sonst als eine heilige Persönlichkeit könnte diese Lehren begründet haben? Muzong, ein Kaiser der Tang-Dynastie, der von 821 bis 824 regierte, lobte Dôsen in einem Gedicht. Es heißt, die *deva* und geistige Führer wie Vaisramana oder Bishamon hätten ihn stets beschützt, gepriesen und ihm himmlische Speisen dargeboten, so dass, wenn er einmal von Zweifeln befallen gewesen wäre, die himmlischen Wesen ihm seine Fragen beantwortet hätten. Schließlich kam der heilige Mönch Pindola (Bintzuru) vor ihn und pries ihn, indem er sagte, Dôsen sei der beste Mensch, der den Vinaya nach dem Buddha verkündet habe. Er ist daher für die Anhänger seiner Lehre wahrlich rühmenswert.

2. Die Geschichte der Schulrichtung

Fünfzig Jahre lang verkündete der Tathagata Shakyamuni den Vinaya, und wann immer die Umstände eine Ordensregelung nach dem Eingang des Buddha ins Nirwana erforderlich machten, rezitierte sein Schüler Upali auf einem hohen Sitz den Vinaya-Pitaka, welcher Vinaya der acht Rezitationen (*hachijūju-ritsu*) genannt wird. Im ersten Jahrhundert nach dem Buddha gab es fünf Lehrer in Folge ohne voneinander abweichende Ansichten. Ihre Namen sind Mahakasyapa (Makakashô), Ananda (Anan), Madhyantika (Madenji), Sanavasa (Shônanwashu) und Upagupta (Ubakikuta). Nach dem ersten Jahrhundert teilten sich die Anhänger in zwei, fünf und zwanzig verschiedene Schulrichtungen, welche alle einen eigenen Tripitaka-Text besaßen.

Von den Vinaya-Sammlungen der zwanzig Schulrichtungen wurden nur vier Vinaya und fünf Sastras überliefert oder ins Chinesische übersetzt. Eine dieser vier Sammlungen, der Vinaya der vier Abteilungen, *shibun-ritsu* (Nr. 1117), der Text der Dharmagupta-Schulrichtung, wurde in sechzig Bänden ins Chinesische übersetzt.

Dieses Werk wurde erstmals von dem Arhat Dharmagupta rezitiert, einer der fünf Schüler von Upagupta. Die Namen der fünf Schüler (respektive ihrer Schulrichtungen) sind Dharmagupta (Donmutoku), Sarvastivada (Sappata), Kasyapiya (Kashôbi), Mahisasaka (Mishasoku) und Vatsiputriya (Basofura).

Während der Wei-Dynastie (220-265) unter der Sô-Familie begann Dharmakala (Hôji) den Vinaya in China zu verkünden; im Jahr 405, unter der Yô-Familie und während der Jin-Dynastie, übersetzte Kakumyô erstmals den vollständigen Vinaya in vier Abteilungen. Dies sind die zeitlichen Daten der Übertragung des Vinaya nach China. Sechzig Jahre später gab es einen chinesischen Vinaya-Lehrer namens Hô-sô, der wohlbewandert war im Vinaya der Mahasamghika oder

Makasôgi-ritsu (Nr. 1119). Aber dieser Vinaya vertrug sich nicht mit dem der Dharmagupta-Schulrichtung, welcher in China seit Dharmakala gebräuchlich war; so begann er den Vinaya in vier Abteilungen anstelle desjenigen der Mahasamghika zu lehren. Von dieser Zeit bis zur Tang-Dynastie (618-907) folgten die chinesischen Buddhisten einmütig dem Vinaya der Dharmagupta-Schulrichtung. Dies kann als ein Ergebnis der Bemühungen von Hô-sô angesehen werden.

Aber Dôsen Nanzan Daishi war der Begründer der Vinaya-Schulrichtung in China. Zu seinen Werken gehören die so genannten „Drei großen Bücher des Vinaya" bzw. *Ritsusandaibu*, nämlich: 1. *Kaishô* oder „Kommentar zur Sittlichkeit" in acht Bänden; 2. *Gosshô*, oder „Kommentar zum Handeln" (*karma*) in acht Bänden; 3. *Gyôji-shô* oder „Aufzeichnung der täglichen Praxis" in zwölf Bänden. Es gibt einen von dem Vinaya-Lehrer Ganjô verfassten Katalog der Schriften von Dôsen.

Auf Dôsen folgte der zweite Patriarch namens Shû, dessen Nachfolger Dôkô war. Der fünfte Patriarch war Ganjô, dem der Ehrenname „Große Weisheit" (Daichi) beigelegt wurde. Er war ein sehr gelehrter Mann und verfasste einen Kommentar zu jedem der drei Hauptwerke seiner Schulrichtung. Dadurch erfuhr die Lehre von Dôsen große Verbreitung, so dass man Ganjô den Wiederbegründer der Vinaya-Schulrichtung nennen kann.

Der Buddhismus wurde im Jahr 552 in Japan eingeführt. Aber es vergingen noch einmal zwei Jahrhunderte, bevor die Lehre des Vinaya vollständig im Land bekannt war. Während der Regierungszeit von Shômu-Tennô (724-748) reisten die beiden Mönche Eiei und Fushô nach China und trafen den Lehrer (Upadhyaya, *wajô* bzw. *kajô*) Ganjin im Daimyô-Kloster von Gôshû. Dieser stimmte ihrer Bitte zu, den Vinaya im Osten [d.i. Japan] zu verkünden. Ganjin versprach gemeinsam mit Shôgen und achtzig anderen Mönchen nach Japan zu kommen. Sie kamen dort 753 an, nachdem sie die Reise fünfmal erfolglos angetreten und zwölf Jahre auf See zugebracht hatten, in dem Bemühen Japan zu erreichen. Im folgenden Jahr lud ihn die Kaiserin Kôken ein, sich im großen östlichen Kloster (Tôdaiji) in Nara, der Hauptstadt des damaligen Japan niederzulassen, und beauftragte ihn mit dem Ordinations-Verfahren und der Unterrichtung der moralischen Vorschriften (*sila*) entsprechend dem Vinaya.

Davor hatte der Ex-Kaiser Shômu noch während seiner Herrschaft auf Anraten des ehrwürdigen Rôben eine 160 Fuß hohen Bronzestatue von Vairocana Buddha (Birushana Buddha), dem Herrn der Vollendung der Sittlichkeit (*sila-paramita*), beauftragt, welche am Tôdaij errichtet werden sollte. Nach der Ankunft von Ganjin nahmen sowohl der Ex-Kaiser als auch seine Tochter, die regierende Kaiserin, die Bodhisattva-Gelübde (*bosatsu-kai*) an, auf der vor dem Tempel von Vairocana aus Erde errichteten „Sittlichkeits-Plattform" (*kai-dan*). Das Gefolge der Kaiserin, der Thronprinz und viele hundert Mönche folgten ihrem Beispiel. Später wurde eine separate Ordinationsplattform im Westen des Tempels errichtet. Die Erde, mit der diese errichtet wurde, war diejenige, welche für die Terrasse des Kaisers verwendet worden war, von der es heißt, dass sie vom Jetavana-vihara (Gion-shôja) in Indien und dem Berg Shûnan in China stamme. Die drei Ebenen der Sila-Terrasse repräsentieren die drei Sammlungen reiner Sittlichkeit (*sanjujô-kai*). Darauf befindet sich eine Pagode, in welcher Bildnisse von Shakyamuni und Prabhutaratna (Tahô) bewahrt werden; denn die überragende Bedeutung des einen Fahrzeugs sowie der profunde Sinn der geheimen Wirklichkeit (*dharma-dhatu*) sind in dieser Lehre [dem Vinaya] mit enthalten. Wenn man daher auf dieser Terrasse das Gelübde ablegt, die moralischen Vorschriften zu wahren, heißt es, dass man die offenbaren und verborgenen Sila aller Lehren bewahrt.

Im Jahr 759 beauftragte die Kaiserin Kôken den Mönch Ganjin mit dem Bau des Tôshôdai-ji genannten Klosters. Darin wurde auch die Sila-Terrasse errichtet, auf der die Kaiserin die Gelübde empfing. Danach folgten die beiden Mönche und die Laien ihrem Beispiel.

Im Jahr 762 erging folgender kaiserlicher Beschluss: Eine Ordinations-Plattform wurde in zwei Klöstern errichtet, dem Yakushi-ji in der Provinz Shimotsuke und dem Kannon-ji in Chikuzen. Ersterer war der Ort, an dem das Gelübde abgelegt wurde, die Sittenregeln für die Menschen der zehn östlichen Provinzen zu befolgen, an letzterem geschah dies für diejenigen der neun westlichen Provinzen. Beide Stätten, weit entfernt von der Hauptstadt, umfassten nur eine Gruppe von fünf Mönchen für die Zeremonie.

Die Menschen der anderen Provinzen erhielten ihre Unterweisungen auf der Sila-Terrasse des großen Klosters in Nara. Hier stand regelmäßig ein Kapitell von zehn Mönchen zur Verfügung. Es gab damit diese drei Ordinationsplattformen in Japan. Das zeigt, wie groß das kaiserliche Bemühen zum Wohle des Volkes war.

Ganjin war der Nachfolger von zwei patriarchalen Linien, der von Nanzan und der von Sôbu. In der ersten folgte er Gukei nach, welcher der Nachfolger von Dôsen, d.i. Nanzan Daishi war. In der zweiten waren die Patriarchen Hôrei, Dôjô, Man-i, Dairyô und Ganjin. Ganjin war jedoch der erste Patriarch der japanischen Vinaya-Schulrichtung. Er gehörte offiziell zum Nanzan-Zweig, obwohl er auch ein Nachfolger von Sôbu war, denn er erhielt die vollständige Unterweisung in den Sittenregeln von Gukei, der sie seinerseits von Dôsen erhalten hatte.

Kapitel 4: Die Hossô-Schulrichtung (Dharma-laksana)

1. Geschichte der Schulrichtung

Der Tathagata (Nyorai) Shakyamuni verkündete die klare Bedeutung der Wahrheit des „Mittleren Pfads" des „Reinen Wissens" (*yui-shiki*) bzw. *vidya-matra* [Nur-Bewusstsein] – der Grundsatz der Lehre dieser Schulrichtung – in sechs Sutras, wie dem *Avatamsaka-sutra* bzw. *Kegon-kyô* (Nr. 87), dem *Samdhi-nirmocana-sutra* bzw. *Gejinmitsu-kyô* (Nr. 247) und anderen. Neunhundert Jahre nach dem Buddha kam Maitreya (Miroku oder Jishi) auf Bitten des Bodhisattva Asanga (Mujaku) vom Tushita-Himmel herab in die Vorlesungshalle des Königreichs Ayodhya (Ayusha) in Zentralindien und erläuterte fünf Sastras, nämlich 1. das *Yogacara-bhumi-sastra* bzw. *Yugashiji-ron* (Nr. 1170), 2. das *Vibhaga-yoga-sastra* bzw. *Funbetsuyuga-ron* (noch nicht ins Chinesische übersetzt), 3. das *Mahayanalankara-* oder *Sutralankara-sastra* bzw. *Daijôshôgon-ron* (Nr. 1190?), 4. das *Madhyanta-vibhaga-sastra* bzw. *Benchûben-ron* (Nr. 1244 oder 1245), 5. das *Vajracchedika-prajnaparamita-sastra* bzw. *Kongô-hannya-ron* (Nr. 1231?). Danach verfassten die gelehrten Brüder Asanga und Vasubandhu (Seshin) viele weitere Sastras und klärten die Bedeutung des Mahayana. Besonders das *Vidyamatra-siddhi-sastra-karika* bzw. *Jôyuishiki-ron* (Nr. 1215), das letzte und sorgfältigste Werk von Vasubandhu, ist vollendet in seiner Gestaltung und Bedeutung. Es gibt zehn große Lehrer, beginnend mit Dharmapala (Gohô), von denen jeder einen Kommentar verfasste. Aber von Dharmapalas Kommentar wird angenommen, dass er die wahre Bedeutung der Lehre erfasst. Sein Schüler Silabhadra (Kaigen) lebte im Nalanda-Kloster in Magadha in Zentralindien. Er war einer der größten Meister seiner Zeit, ebenso wohlvertraut mit der verborgenen Bedeutung des Sastra-Yoga und *vidya-matra* wie mit der Lehre des *hetu-vidya* (*in-myô*), der „Lehre der

Ursachen", d.i. indischer Logik und Rhetorik, als auch dem *sabda-vidya* (*shômyô*), der „Wissenschaft des Klangs", d.i. Grammatik. Dies ist die Geschichte der Lehren dieser Schulrichtung in Indien.

Im Jahr 629, im Alter von 29 Jahren, begab sich der berühmte chinesische Pilger Genjô (Hiouen-thsang) nach Indien und studierte die diversen, oben angesprochenen Sastras und Wissenschaften unter der Leitung von Silabhadra. Nachdem er all diese Themen gemeistert hatte, kehrte er im Jahre 645 nach China zurück. Fünf Monate später begann er seine große Übersetzungstätigkeit auf kaiserliches Geheiß im Gufuku-Kloster. Er setzte diese Arbeit neunzehn Jahre lang fort, wodurch er die Lehren dieser Schulrichtung in China weithin bekannt machte. Sein Hauptschüler war Ki-ki, der sehr einsichtig und gescheit war. Es heißt, dass er der Verfasser von über hundert Kommentaren zu zahlreichen Sutras und Sastras ist, und er wurde Jion Daishi, „großer Lehrer des Jion-Klosters", genannt. In seinen Werken gibt er wieder, was er durch mündliche Unterweisung von seinem Lehrer Genjô gelernt hat. Darum tragen die meisten seiner Werke die Bezeichnung *Jukki*, d.i. „Bericht einer Unterweisung". Ki-ki hatte einen Schüler namens Eshô (Shijû Daishi), dessen Schüler Chi-shû (Bokuyô Daishi) war. Sie alle verfassten mehrere Schriften und machten die Lehre dieser Schulrichtung in China bekannt.

Es gibt vier unterschiedliche Übertragungs-Zeitpunkte der Lehre nach Japan, von denen die beiden folgenden klarer sind und nördliche bzw. südliche Übertragung genannt werden. Im Jahr 653 reiste ein japanischer Mönch vom Gangôji namens Dôshô nach China, wurde ein Anhänger und Schüler von Ki-ki und erhielt Unterweisungen von Genjô. Nachdem er nach Japan zurückgekehrt war, überlieferte er die Lehren an Gyôgi. Das ist die Übertragung des sogenannten südlichen Klosters, da der Gangôji sich in Asuka in der Provinz Yamato befindet. Später, im Jahr 712, reiste Genbô nach China und studierte die Lehren der Hossô-Schulrichtung, wobei er Chi-shû folgte. Nach seiner Rückkehr nach Japan übertrug er sie an Zenju. Dies ist die Übertragung des nördlichen Klosters, des Kôbukuji in Nara nördlich von Asuka. Seit dieser Zeit wurden die Lehren stetig von verschiedenen Gelehrten überliefert.

2. Die Lehren der Schulrichtung

(a) Die Einteilung der Lehren
Entsprechend dem *Samdhinirmocana-sutra* (*Gejinmitsu-kyô*) teilt diese Schulrichtung die gesamte Verkündigung des Tathagata Shakyamuni in die drei Perioden der „Existenz" (*u*), der „Leerheit" (*kû*) und des „mittleren Wegs" (*chûdô*) ein. Alle Lehren des Hinayana und Mahayana, 80.000 an der Zahl, sind in diesen drei Perioden enthalten. Während der ersten Periode glaubten die unwissenden Menschen fälschlicherweise an die Existenz ihres eigenen Selbst bzw. *atman* (*ga*) und waren dementsprechend in den Kreislauf der Wiedergeburten versunken. Für diese Menschen wurde vom Buddha die erste Abteilung der Lehren verkündet, um alle Lebewesen als unwirklich zu erkennen, während die *dharma* oder Phänomene real sind. Die in den Agama (Agon)[15] und anderen Sutren des Hinayana verkündeten Lehren sind von dieser Art.

In der zweiten Periode glaubten die Menschen mit begrenzten Fähigkeiten weiterhin an die wahre Existenz der Phänomene; auch wenn es ihnen gelungen war, die falsche Vorstellung der Existenz eines Selbst zu zerstören und sie so aus dem Kreislauf der Wiedergeburten ent-

---

[15] [Fußnote im Original] Dies sind: 1. *Madhyamagama* (*Majjhima-nikaya*) bzw. *Chûgon*, die Sammlung von Lehrreden mittlerer Länge (Nr. 542), 2. *Ekottaragama* (*Anguttara-nikaya*) bzw. *Zôcihiagon*, vermischte Lehrreden in aufsteigender numerischer Anordnung (Nr. 543), 3. *Samyuktagama* (*Samyutta-nikaya*) bzw. *Zôagon*, die vereinte Sammlung von Lehrreden (Nr. 544), 4. *Dirghagama* (*Digha-nikaya*) oder *Jôagon*, die Sammlung der langen Lehrreden (Nr. 545).

kommen konnten. So waren sie auch weiterhin nicht in der Lage, die vollständige Wahrheit zu erkennen. Die zweite Abteilung der Lehren von der „Leerheit aller Phänomene" wurde daraufhin vom Buddha in den *Mahaprajnaparamita-sutren* und anderen Texten verkündet. Mittels dieser Lehren wurde die falsche Anschauung von der realen Existenz der Phänomene beseitigt; aber sie verleitete die Menschen dazu, an die „reale Leerheit der Phänomene" zu glauben. Somit gab es zwei Arten von Menschen; die einen glaubten an die Existenz oder Realität der Phänomene, die anderen an die Leerheit oder Nicht-Realität.

Um ihre irrigen Ansichten zu zerschlagen, lehrte der Buddha in der dritten Periode den Mittleren Pfad, d.i. weder Existenz noch Leerheit. Die Lehre dieser Periode zeigt, dass die „vorgestellte Natur" [*invented nature*] oder *parikalpita-lakshana* (*hengeshoshû-shô*) nicht real ist, aber dass sowohl die „abhängige Natur" [*subservient nature*] oder *paratantra-lakshana* (*etaki-shô*) als auch die „endgültige Natur" [*completed nature*] oder *parinishpanna-lakshana* (*enjôjitsu-shô*) wirklich sind. Im *Avatamsaka-sutra* und im *Samdhinirmocana-sutra* finden sich viele technische Bezeichnungen wie *sangai-yui-shin*, d.h. die drei Welten (der Begierde bzw. *kama*, der Form bzw. *rupa* und der Formlosigkeit bzw. *arupa*) sind nur Geist; die acht *vijnana* (*shiki*) oder Bewusstseinsarten und die drei *lakshana* (*shô*) oder Naturen.

Tatsächlich gehen die Lehren jedoch alle in dieselbe Richtung, ohne allzu große Unterschiede in den drei Perioden. Die menschlichen Wesen werden in drei Gruppen eingeteilt, nämlich mit hohen, mittelmäßigen und geringen Fähigkeiten, für welche es jeweils ein dementsprechendes Lehrsystem gibt. Diejenigen mit hohen Fähigkeiten vermögen die wahre Natur des mittleren Pfads zu verstehen, welche weder Existenz noch Nicht-Existenz bedeutet. Aber diejenigen mit mittelmäßigen und geringen Fähigkeiten verstehen dies nicht direkt, sondern kennen nur die Seite der Existenz oder der Leerheit. Sie werden als Bodhisattvas mit schrittweisen oder langsamen Verständnis bezeichnet. Zuerst verstehen sie nur die Existenz der Phänomene, dann die Leerheit der Phänomene, und zuletzt betreten sie den mittleren Pfad „wahrer Leerheit und wunderbarer Existenz" (*shinkûmyôu*).

Die drei Perioden werden auf die folgenden beiden Weisen erklärt. Wenn von den drei Perioden in Hinsicht auf die Wesen mit schrittweisem Verständnis gesprochen wird, ist ihre Anordnung chronologisch. Die drei Begriffe *sho* oder „Anfang", *shaku* oder „früher" und *kon* oder „jetzt" werden so im *Samdhinirmocana-sutra* für diese drei Perioden gebraucht. Aber wenn die Einteilung aller Lehren des Buddha entsprechend der Bedeutung von „Existenz, Leerheit und mittlerer Pfad" erfolgt, dann sind die drei Perioden die Sammlungen [der Schriften] von entsprechender Bedeutung: hier wird das *Avatamsaka-sutra* in die dritte Periode gesetzt, da es den mittleren Pfad erklärt, obwohl es [der Tradition nach] die erste Verkündigung des Buddha ist; während das „Sutra der letzten Anweisung" bzw. *Yuikyô-gyô* (Nr. 122) seinen Charakter nach in der ersten Periode verortet ist.

(b) Eine Skizze der Lehren

Diese Schulrichtung erklärt fünf Klassen bzw. Gruppen von einhundert Phänomenen, entsprechend dem mittleren Pfad des *Vidyamatra-siddhi-sastra* (*Jôyuishiki-ron*). Es handelt sich um:

1. *citta-raja* (*shinnô*) bzw. „Geist-Herrscher"
2. *caitta-dharma* (*shinjo-hô*) bzw. „geistige Eigenschaften"
3. *rupa-dharma* (*shiki-hô*) bzw. „formhafte Phänomene"
4. *citta-viprayukta-dharma* (*shinfusô-ô-hô*) bzw. „vom Geist getrennte Phänomene"
5. *asamskrita-dharma* (*mui-hô*) bzw. „nicht-geschaffene Phänomene" [*immaterial things*]

Obwohl diese fünf Gruppen aufgezählt werden, gibt es nichts außer *citta* (*shin*) oder Geist. Es gibt acht *citta-raja*, nämlich:

1. *cakshur-vijnana* (*gen-shiki*) oder „Augen-Bewusstsein"
2. *srota-vijnana* (*ni-shiki*) oder „Ohren-Bewusstsein"
3. *ghrana-vijnana* (*bi-shiki*) oder „Nasen-Bewusstsein"
4. *jihva-vijnana* (*zetsu-shiki*) oder „Zungen-Bewusstsein"
5. *kaya-vijnana* (*shin-shiki*) oder „Körper-Bewusstsein"
6. *mano-vijnana* (*i-shiki*) oder „Geist-Bewusstsein"
7. *klishta-mano-vijnana* (*zenna-i-shiki* bzw. *mana-shiki*) oder beflecktes Geist-Bewusstsein
8. *alaya-vijnana* (*araya-shiki*) oder „Speicher-Bewusstein" [*receptacle-like knowledge*]

Das achte Bewusstsein hat drei Aspekte, nämlich Aktivität (*nô-zô*), Passivität (*sho-zô*) und Objekt falscher Anschauungen (*shû-zô*). Im aktiven Aspekt bewahrt es die Keime aller Phänomene. Sein passiver Aspekt besteht im Andauern, während es die Einflüsse der Phänomene aufnimmt. Der dritte Aspekt gilt als das innere Selbst oder die Seele der Wesen. Er wird das grundsätzliche Wissen genannt, da er die Keime aller Phänomene bewahrt, welche diesen entsprechend hervorgebracht werden. Die ersten sieben Arten des Bewusstseins entstehen in Anhängigkeit vom achten. Das siebte Bewusstsein ergreift die „Abteilung des Sehens" (*ken-bun*) oder die Wahrnehmung des achten Bewusstseins als sein Objekt. Die ersten fünf Bewusstseinsarten ergreifen einen Teil der materiellen Welt innerhalb der „Abteilung des Formhaften" (*sô-bun*) oder die Vorstellung des achten Bewusstseins als ihr Objekt. Für das sechste Bewusstsein, das Geist-Bewusstsein, sind alle Phänomene Objekte.

Auf diese Weise erscheinen alle Phänomene aufgrund dieser acht Bewusstseinsarten, ohne die es nichts irgendwie Beschaffenes gibt. Die geistigen Eigenschaften (*shin-jo*) stimmen mit dem Wissen überein, hängen davon ab und sind nicht getrennt davon. Die formhaften Phänomene (*shiki-hô*) befinden sich alle innerhalb der Abteilung des Formhaften (*sô-bun*) und besitzen keine eigenständige Natur. Die vom Geist getrennten Phänomene (*shinfusô-ô-hô*) haben keine wahre Natur, sondern sind temporär durch den Geist, die geistigen Eigenschaften und die Form bestimmt. Die nicht-geschaffenen Phänomene (*mu-i-hô*) sind keine Objekte des Bewusstseins, sondern abstrakte Ursachen frei von Geburt und Tod. Aber sie sind nicht getrennt vom Geist, sondern seine wahre Natur.

Das heißt, Phänomene, welche den beständigen Wandel von Geburt und Tod oder Erzeugung und Zerstörung erleiden, erscheinen entsprechend ihren Ursachen und einer Verknüpfung von Umständen; doch die abstrakte Ursache der wahren Natur der Phänomene selbst ist dauerhaft und nicht offensichtlich. Aber wenn es keine Gründe gibt, werden auch keine gestalteten Phänomene ins Dasein gerufen. Anders ausgedrückt, wenn die Gründe für Erzeugung und Zerstörung vorhanden sind, erscheinen die Phänomene. Darum sind die *asamskrita-dharma* oder nicht-geschaffenen Phänomene diejenigen, von denen die *samskrita-dharma* oder geschaffenen Dinge abhängen. Und doch sind sie nicht voneinander getrennt, so dass das „Nur-Bewusstsein" (*yui-shiki*) alle geschaffenen und nicht-geschaffenen Phänomene umfasst.

Die in den Sastras dieser Schulrichtung aufgezählten einhundert Faktoren (*dharma*) sind Unterteilungen der bereits angeführten fünf Gruppen. Es handelt sich um acht *citta-raja* oder „Geist-Herrscher", einundfünfzig *caitta-dharma* oder „geistige Eigenschaften", elf *rupa-dharma* oder „formhafte Faktoren", vierundzwanzig *citta-viprayukta-dharma* oder „vom Geist getrennte Phänomene" und sechs *asamskrita-dharma* oder „nicht-geschaffene Phänomene". Dies sind die einhundert *dharma* des *Vidyamatra-siddhi-sastra* (*Jôyuishiki-ron*), in dem sie auch als die beiden Faktoren von „Materie oder Dingen" (*ji-hô*) und „Ursachen oder Prinzipien" (*ri-hô*) bezeichnet werden. Des Weiteren werden sie alle zusammen als „Nur-Bewusstsein" (*yui-shiki*) bezeichnet. Im *Yoga-sastra* werden 660 Faktoren aufgezählt.

(c) Die Lehre von der Betrachtung (*kan-mon*)
Bei der Erklärung dieser Lehre müssen wir die Beschaffenheit des Objekts und Subjekts der Meditation untersuchen. Zunächst einmal zählen als Meditationsobjekte alle geschaffenen und nicht-geschaffenen Phänomene von dreierlei verschiedener Natur. Es gibt fünf technische Begrifflichkeiten hierzu, nämlich:

1. *kenko-zonjitsu-shiki* oder das Wissen davon, „das Falsche zu verwerfen und das Wahre zu erhalten"; d.h. die vorgestellte Natur (*hengeshoshû-shô*) als leer zu widerlegen und die abhängige Natur (*etaki-shô*) sowie die endgültige Natur (*enjôjitsu-shô*) als existent oder wirklich zu bewahren;

2. *sharan-rujun-shiki* oder das Wissen davon, „das Diffuse aufzugeben und das Reine zu sammeln"; d.h. die Objekte, von denen unklar ist, ob sie innerlich oder äußerlich sind, aufzugeben und nur den Geist zu sammeln, der gänzlich innerlich ist;

3. *shômatsu-kihon-shiki* oder das Wissen darum, „das Spätere zu sammeln und zum Früheren zurückzukehren"; d.h. die Abteilung des Formhaften und Sichtbaren (*sô-bun* und *ken-bun*, d.h. Vorstellung und Wahrnehmung) als Späteres beiseite zu legen und zu ihrem Anfang, der Abteilung des Verstehens (*jitai-bun* bzw. *jishô-bun*) zu gelangen;

4. *onretsu-kenshô-shiki* oder das Wissen darum, „das Mindere zu bedecken und das Überlegene zu offenbaren"; d.h. die niederen geistigen Eigenschaften (*shin-jô*) gegenüber dem überlegenen Geist-Herrscher (*shinnô*) zu verbergen;

5. *kensô-shôshô-shiki* oder das Wissen darum, „die Formen aufzugeben und das Wesen zu verwirklichen"; d.h. die Dinge oder Phänomene (*ji*) zurückzuweisen und danach zu streben, die abstrakten Prinzipien, d.h. die wahre Natur, zu verstehen. Diese wahre Natur wird im *Srimala-sutra* als *jishô-shôjô-shin* oder „selbst-existierender, natürlicher und reiner Geist" bezeichnet.

Diese fünf Konzepte beschreiben die Gegenstände der Meditation.

Das Wesen des Subjekts der Meditation ist *prajna* oder Weisheit, eine der geistigen Eigenschaften einer als „spezielle Zustände" (*betsu-kyô*) bezeichneten Gruppe.

Nach welcher Zeit kann jemand, der die Meditation über das „Nur-Bewusstsein" (*yui-shiki-kan*) praktiziert sowie die Stadien [eines Bodhisattva] durchlaufen und die Leidenschaften aufgegeben hat, den Status eines Buddha erlangen? Vom Zeitpunkt seines erstmaligen gründlichen und festen Ausrichtens der Gedanken auf die Erleuchtung bzw. *bodhi* muss er, entsprechend den Kräften diverser Ursachen und den Ratschlägen guter Freunde, drei große Zeitalter (*asamkhya-kalpa*) durchlaufen und dabei stetig mit der Meditation fortfahren. Indem er so zahlreiche Stadien passiert und die beiden Hindernisse der Leidenschaften [Hindernisse zur Befreiung] und der Erkenntnis [Hindernisse zur Allwissenheit], d.h. *klesa-avarana* (*bonnô-shô*) und *jneya-avarana* (*shochi-shô*) beseitigt, erlangt er die vier Arten der Weisheit und verwirklicht die vollkommene Erleuchtung bzw. *pariNirwana*. Die vollständigen Erläuterungen dieser Lehre finden sich in dem zentralen Text dieser Schulrichtung, d.i. dem *Jôyuishiki-ron*.

Kapitel 5: Die Sanron-Schulrichtung (Madhyamika)

1. Geschichte der Schulrichtung

Die grundlegenden Schriften dieser Schulrichtung sind diese drei Werke: 1. das *Madhyamika-sastra* (*Chû-ron*) oder „Abhandlung über den Mittleren Pfad" (Nr. 1179); 2. das *Sata-sastra* (*Hyaku-ron*) oder „Abhandlung in einhundert Strophen" (Nr. 1188); 3. das *Dvadasa-nikaya-sastra* (*Jûnimon-ron*) oder „Abhandlung in zwölf Toren" (Nr. 1186). Daher der Name Sanron-shû, d.h. „Schulrichtung der drei Abhandlungen". Diese Werke erklären alle vom Buddha während seines Lebens erteilten Lehren auf eine gründliche Art und Weise. Darum wird diese Schulrichtung auch *ichidaikyô-shû* oder „Schulrichtung der Lehren von Buddhas gesamtem Dasein" genannt. Sie unterscheidet sich dementsprechend von allen später gegründeten Schulrichtungen, welche sich auf ein bestimmtes Sutra oder andere Texte berufen. Diejenigen, welche ein Sutra ausgewählt haben, sind anfällig dafür, in oberflächliche Ansichten zu verfallen, und sprechen von der relativen Vorzüglichkeit der anderen Mahayana-Lehren. So wird z.B. das *Avatamsaka-sutra* (*Kegon-kyô*) von einer Schulrichtung als der wesentliche Text angesehen, während alle anderen Sutras als seine Zweige gelten; auf dieselbe Weise wird von einer anderen Schulrichtung das *Saddharmapundarika-sutra* (*Hokke-kyô*) verehrt.

Ein solches Verhalten rührt von der Unkenntnis der ursprünglichen Idee des Buddha her, welche darin bestand anderen die Wahrheit aufzuzeigen. Da die Fähigkeiten der Menschen sich vielfach unterscheiden, sind notwendigerweise die für sie geeigneten Lehren ebenfalls verschieden. Alle Lehren des Mahayana haben jedoch ohne Unterschied ein und dasselbe Thema zum Inhalt, nämlich die Wesen auf den mittleren Pfad zu führen. Daher kann jedes Sutra und jede Lehre, welche für sie passend ist, zu ihrem Vorteil verkündet werden. Ein Arzt verabreicht seinen Patienten eine Medizin, mit dem Ziel, sie von einer Krankheit zu heilen. Wer würde hier über die vergleichsweise Überlegenheit der einen oder anderen Medizin diskutieren? Die Mahayana-Lehren sind allesamt die wesentlichen Lehren von Shakyamuni, welche in den drei Schriften dieser Schulrichtung gründlich erläutert werden.

Es gibt zwei Übertragungslinien dieser Schulrichtung, nämlich diejenige von Kajô und die von Genju. Die erstere ist wie folgt: Der erste Patriarch in Indien war der Bodhisattva Nagarjuna (Ryûju), der Verfasser des *Chû-ron* und des *Jûnimon-ron*, zwei der drei Haupttexte. Er übergab die Lehren an den Bodhisattva Deva (Daiba), den Verfasser des *Hyaku-ron*. Auf ihn folgte Rahula (Ragora), dessen Nachfolger Nilanetra (Shômoku, wörtlich: „Blau-Auge") war. Nach ihm gab es einen Prinzen namens Suryasoma aus dem Lande Kharakar (Kiji), der wohlbewandert in den drei Texten war und sie Kumarajiva (Rajû) lehrte. Im Alter von 63 Jahren kam Kumarajiva nach China und erreichte die Hauptstadt Chôan (Loyang) im Alter von 81 Jahren. Dort übersetzte er die drei Texte ins Chinesische und wurde zum Begründer dieser Schulrichtung in China. Seine Schülerzahl belief sich auf dreitausend, von denen die vier wichtigsten (*shitetsu*) Dôshô, Sôjô, Dôyû und Sôei waren. Dôshô übertrug die Lehren nacheinander an Donsai, Dôrô, Sôrô, Hôrô und Kichizô aus dem Kloster Kajô. Der letzte in dieser Reihe (Kichizô) vollendete die Lehren dieser Schulrichtung.

Sein Schüler Ekan reiste im Jahr 625 von Korea nach Japan und wurde zum Gangôji berufen. Er las einmal erfolgreich über die drei Sastras mit dem Ziel, Regen herbeizuführen, und wurde daraufhin als „Bischof" (*sôjô*) eingesetzt. Er gilt als erster Patriarch dieser Schulrichtung in Japan. Er überlieferte die Lehre an Fuku-ryô, der aus Wu in China gekommen war. Fuku-ryô überlieferte sie an Chizô, der seinerseits nach China reiste und ein Schüler von Kichizô bzw. Kajô Daishi wurde.

Anschließend gaben Dôji, Zengi, Gonsô, Anchô und andere die Lehre weiter und machten sie im Land bekannt.

Die andere Übertragungslinie ist die von Nilanetra (Shômoku), Bhavaviveka (Shôben), Jnanaprabha (Chikô) und Divakara (Nichishô), welche allesamt Inder waren. Divakara gab die Lehren an Hôzô weiter, besser bekannt unter seinem posthumen Titel Genju Daishi, der im Jahre 712 verstarb. Nach Hôzô gab es in China keinen Nachfolger.

Von den beiden obigen Schulen gilt die Kajô-Linie als die orthodoxe.

2. Die Lehren der Schulrichtung

Während seines gesamten Daseins hat der Buddha zwei Arten von Wahrheit (*ni-tai*) verkündet, um die irrigen Ansichten derjenigen zurückzuweisen, welche entweder an die Existenz von allem (*astika*) [Ewigkeitsglaube] oder an die Existenz von gar nichts (*nastika*) [Vernichtungsglaube] glauben. Diese Ansichten sind der Grund dafür, dass sie im Kreislauf der Wiedergeburten leiden, so dass man sie die „ursprüngliche Verblendung" (*hon-mei*) nennt. Die beiden Arten der Wahrheit sind die konventionelle Wahrheit (*zoku-tai*) und die endgültige Wahrheit (*shin-dai*). Es handelt sich dabei nicht um unterschiedliche Gegenstände der Erkenntnis, sondern nur um einen Unterschied in der Verkündigung. Im *Madhyamika-sastra* heißt es, dass die Buddhas den Wesen die Lehre entsprechend der beiden Arten von Wahrheit verkünden.

Nach dem Eingang des Buddha ins Nirwana missverstanden die Menschen jedoch seine Worte und wurden erneut *astika* oder *nastika*. Diese irrigen Auffassungen werden als die spätere Verblendung (*matsu-mei*) bezeichnet. Die drei Sastras dieser Schulrichtung wurden von den Bodhisattvas Nagarjuna und Deva verfasst, um diese irrige Auffassung zu zerstören.

Der vollständige Titel des *Chû-ron* oder *Madhyamaka-sastra* lautet *Chû-kan-ron*, d.h. „Abhandlung über die Sicht der Mitte". Das Wort *chû* steht für „mittlerer Pfad" des „Nicht-Erlangens" (*mu-toku*). Über diesen mittleren Pfad zu meditieren ist die rechte Meditation bzw. Sicht. Der Text enthält die Erkenntnisse, welche aus dieser rechten Sichtweise resultieren. Die Wörter selbst sind die beiden Arten von Wahrheit.

Die konventionelle Wahrheit wird für diejenigen erläutert, welche glauben, dass nichts existiert (d.h. die *nastika*). Die endgültige Wahrheit wird für die *astika* dargelegt, welche der Ansicht sind, dass die Dinge tatsächlich existieren. Auf diese Weise werden auch sie dazu gebracht, den mittleren Pfad zu verstehen. Das *Madhyamaka-sastra* besteht aus 27 Kapiteln. Die ersten 25 Kapitel widerlegen die irrigen Ansichten der Anhänger des Mahayana, die letzten beiden solche des Hinayana.

Das *Dvadasa-nikaya-sastra* (*Jûnimon-ron*) besteht aus zwölf Abschnitten und widerlegt irrige Ansichten von Anhängern des Mahayana. Im Allgemeinen enthält das Sastra ebenfalls die Darlegung der zwei Wahrheiten, wodurch die spätere Verblendung (*matsu-mei*) widerlegt wird.

Die beiden Werke, das *Madhyamaka-sastra* und das *Dvadasa-nikaya-sastra*, stammen von Nagarjuna. Wurden seine Worte jemals von seinen indischen Mitmenschen angenommen? Das wurden sie in der Tat. Die Menschen der sechszehn großen Provinzen, in welche Indien früher eingeteilt war, nannten Nagarjuna einhellig den „Buddha ohne charakteristische Zeichen" (*musôgô-butsu*) und respektierten seine Schriften, als ob sie Buddhas eigene Worte gewesen wären. Dieser Respekt der Menschen gründet vielleicht in der Prophezeiung, welche vom Buddha im *Lankavatara-sutra* bzw. *Ryôga-kyô* (Nr. 175, 176, 177) folgendermaßen ausgesprochen worden sein soll:

„Nach dem Nirwana des Tathagata wird in der Zukunft im großen südlichen Land eine Person erscheinen – lausche mir aufmerksam, oh Mahamati –, eine Person, welche meine Lehren bewahrt. Es wird dort einen ehrwürdigen Mönch geben mit dem Namen Nagarjuna, der die Ansichten der *astika* und *nastika* zerschlagen wird, der die Menschen mein Fahrzeug (*yana*) lehren wird, den unübertroffenen *dharma* des Mahayana, der die „Stufe der großen Freude" (*pramudita-bhumi*) erlangt und der im Land von Sukhavati fortgeboren wird."

Es mag einen solchen Menschen gegeben haben. Das *Lankavatara-sutra* ist ein Mahayana-Sutra, und diese Sutras sind nicht die Worte des Buddha selbst, sondern stammen von Menschen aus späterer Zeit. Der Buddha ging am 15. Tag des zweiten Monats ins Nirwana ein; zwei Monate später, am 15. Tag des vierten Monats, sammelte Mahakasyapa den Tripitaka bei der „Höhle der sieben Blätter" (*sapta-parna*). Abgesehen von dieser Sammlung gibt es keine anderen Schriften, welche das unmittelbare Wort des Buddha enthalten. Keines der Mahayana-Sutras ist ursprünglich (aus der Zeit Buddhas), und es heißt, dass sie entweder im Drachenpalast in der Meerestiefe oder im Eisernen Turm in Indien entdeckt worden sind. Daher sind sie es nicht wert, dass an sie geglaubt wird.

Wir antworten nun darauf, um sein Verständnis zu klären, so wie die eigensinnigen Wolken von einem starken Wind hinweggeblasen werden. Es gab zwei Arten von Menschen in Indien, welche die Originalität der Mahayana-Sutras anzweifelten. Manche hegten Zweifel, da sie nicht frei waren von vulgären und rohen Umgangsformen. Die anderen wussten zwar um die Überlegenheit der Mahayana-Lehren, aber äußerten dennoch halsstarrig derlei respektlose Worte gegen sie.

In früherer Zeit gab es in Indien vier Klassen von Menschen, die vier Kasten. Es waren: 1. *kshatriya* (*setsuteiri*) oder die Adligen; 2. *brahmana* (*baramon*) oder die Krieger; 3. *vaisya* (*bisha*) oder die Händler; 4. *sudra* (*shuda*) oder die Hausleute.[16] Daneben gab es noch eine gemischte Volksgruppe namens *chandala*. Die Angehörigen der höheren Klassen blickten auf die der niederen Kasten herab wie auf Tiere. Um diese rohen Gebräuche zu zerstören, wies der Buddha ihnen den großen Weg bzw. die Lehre, durch welche sie unentgeltlich Buddhaschaft erlangen können, da sie alle auf dieselbe Weise mit der Natur der Erleuchtung ausgestattet sind. Aber nach dem Eingang des Buddha ins Nirwana hatten die Menschen ihre alten und rohen Gebräuche noch nicht ganz vergessen und glaubten, dass sie nur den Status eines *sravaka* oder *pratyekabuddha* erreichen könnten, aber nicht die vollständige Buddhaschaft, welche nur von einer Person wie Shakyamuni selbst im gesamten Universum erlangt werden könne. So gerieten sie in Zweifel über die Mahayana-Lehren, welche besagen, dass alle Wesen Buddhas werden können. Es verhält sich wie mit einem hungrigen Geist (*preta*), der das [rettende] Wasser nicht sehen kann, obwohl er direkt darauf schaut, sondern nur Feuer und Flammen wahrnimmt.

Nach dem Eingang des Buddha ins Nirwana wurden drei verschiedene Versionen des Tripitaka erstellt. Die erste ist die bei der Höhle der sieben Blätter nahe Rajagriha, der Hauptstadt von Magadha, erstellte Sammlung. Sie wird der Tripitaka der Sthavira (Jôzabu) genannt. Die

---

[16] [Fußnote im Original] Gemäß dem [Gesetzbuch des] Manu, sind die vier Kasten die Brahmanen oder die Priester-Kaste, die Kshatriya oder die Krieger-Kaste, die Vaisya oder Menschen, deren Geschäft Landwirtschaft oder Handel war, und Sudra, die dienstbaren Völker und Stämme.

zweite ist diejenige, welche ohne die Versammlung bei der Höhle erstellt wurde. Dies ist der Tripitaka der Mahasamghika (Daishubu). Die dritte ist die von Manjusri und Maitreya erstellte Sammlung, die Sammlung der Mahayana-Schriften. Obwohl sie so klar und strahlend wie die Mittagsonne am Himmel ist, schämen sich die Anhänger des Hinayana nicht ihrer Unfähigkeit, sie zu verstehen, und sprechen stattdessen schlecht darüber, so wie die Konfuzianer den Buddhismus eine Lehre der Barbaren nennen, ohne dass sie die buddhistischen Texte gelesen hätten.

Es gab ein Ereignis, durch welches einige Mahayana-Sutras 160 Jahre nach dem Eingang des Buddha ins Nirwana dem Hinayana-Tripitaka zugefügt worden sind. Wenn es keine Mahayana-Sutras gab, woher sind sie dann gekommen? Darüber hinaus sind die folgenden Sutras zwei Jahrhunderte nach dem Buddha dem Tripitaka beigefügt worden, nämlich das *Avatamsaka-sutra* bzw. *Kegon-kyô* (Nr. 87, 88), das *Nirwana-sutra* bzw. *Nehan-kyô* (Nr. 113, 114), das *Srimala-devi-simhanada-sutra* bzw. *Shôman-kyô* (Nr. 59), das *Vimalakirtti-nirdesa-sutra* bzw. *Yuima-kyô* (Nr. 146, 147, 149), das *Suvarna-prabhasa-sutra* bzw. *Konkômyô-kyô* (Nr. 126, 127, 130), das *Prajnaparamita-sutra* bzw. *Hannya-kyô* (Nr. 1-15, 22) und andere. Zu dieser Zeit waren in Indien weder Asvaghosha (Memyô) noch Nagarjuna (Ryûju) geboren. Wie könnte da noch behauptet werden, das *Avatamsaka-sutra* sein ein Werk von Nagarjuna?

Zu dieser Zeit erkannten die Ekavyaharika (Ichisetsubu) der Hinayana die Mahayana-Lehren an, während die Lokottaravada (Shussebu) sie nicht anerkannten. In der ersteren gab es eventuell noch alte Anhänger, welche die Lehren des Buddha selbst gehört hatten, so dass ihre Schulrichtung dem Mahayana vertraute. Zwei Jahrhunderte nach dem Buddha kam Shi-he-e (?) von den Himalaya-Bergen [nach Indien] herab und Mahakatyayana (Daikasennen) vom Anavarapta-See (Anukutatchi). Sie waren beide alte Wandermönche (*sramana* bzw. *shamon*), die unmittelbaren Schüler des Buddha, und führten Hinayana und Mahayana einigermaßen zusammen. Ihre Schulrichtungen wurden Bahusrutika (Tamon) und Bahusrutika-vibhajya (Tamon-funbetsu) genannt. Es wird sich zeigen, dass nicht alle Anhänger des Hinayana die Mahayana-Lehren schlecht machten.

Wir geben nun einen klaren Beweis für die Echtheit der Mahayana-Lehren mittels einer der Hinayana-Schriften, dem *Maya-sutra*[17], welches von den Anhängern letzterer Schulrichtung nicht in Frage gestellt wird:

„Der rechte *dharma* des Tathagata wird fünfhundert Jahre bestehen. Im ersten Jahrhundert wird Upagupta die Lehre verkünden und die Menschen unterrichten. Im zweiten Jahrhundert wird der Mönch (*bhikshu*) Silananda selbiges tun. Im dritten Jahrhundert wird der Mönch Nilapadmanetra (Shôrengegen) selbiges fortsetzen. Im vierten Jahrhundert verkündet der Mönch Gomukha (Goku) die Lehre. Im fünften Jahrhundert verkündet der Mönch Ratnadeva (Hôten) die Lehre und bekehrt die Menschen zum Buddhismus. Dann wird der wahre *dharma* zu einem Ende kommen. Im sechsten Jahrhundert werden irrige Ansichten auftreten, bis zu 96 verschiedene, und ihre Anhänger werden versuchen, die Lehre des Buddha zu zerstören. Aber der Mönch Asvaghosha (Memyô) wird diese Ketzer vollständig zerschlagen. Im siebten Jahrhundert wird es einen Mönch namens Nagarjuna (Ryûju) geben, der die Lehre mit geschickten Mitteln verkündet, die Lampe des

---

[17] Hier dürfte das Mahamaya-Sutra gemeint sein (chin. *Mo-ya-ching,* jap. *Maya-kyo,* das im 5. Jh. von Tan-ching ins Chinesische übersetzt wurde; die Urfassung ist nicht mehr existent. [Anm. des Verlegers]

wahren *dharma* entzündet und das Banner der falschen Ansichten niederreißt."

Somit hat der Buddha in einem Hinayana-Sutra die Taten von Nagarjuna siebenhundert Jahre nach ihm vorausgesagt. Wie könnte man jetzt noch zweifeln? Selbst ein gewöhnlicher Mensch würde sich für eine Fälschung schämen. Um wie viel weniger also würde eine große Persönlichkeit wie Nagarjuna so etwas tun? Darüber hinaus gäbe es keinen Grund, einen Menschen von so niederer Wesensart in den Sutras beider Fahrzeuge vorherzusagen. Letzten Endes haben einige Inder einen falschen Bericht verfasst, welcher dann von neidischen und bösartigen Menschen überzeichnet wurde. Aber echte Buddhisten glauben nicht an so etwas.

Wir untersuchen jetzt die Herkunft des *Sata-sastra* (*Hyaku-ron*). Zur Zeit des Bodhisattva Deva glaubte ein südindischer König, der viele Provinzen regierte, an häretische Lehren und nicht an den Buddhismus. Deva sagte: „Wenn die Wurzeln des Baumes nicht abgeschlagen werden, werden sich seine Zweige nicht beugen; solange also ein König nicht konvertiert, wird die Lehre auch nicht überall vernommen." Daraufhin wurde Deva ein Mitglied der Palastwache. Mit seinem Speer in den Händen kommandierte er die Soldaten, ordnete die Ränge der Armee und machte die Kommandosprache klar und präzise. Dafür wurde er von allen Soldaten sehr geschätzt, und der König war hoch erfreut und fragte ihn, was er sich wünsche. Deva sagte: „Ich bin ein Mann, der vieles weiß und der gerne mit zahlreichen Gelehrten aus allen Richtungen in der Gegenwart von Eurer Majestät debattieren würde." Der König erklärte sich einverstanden. Daraufhin ließ Deva ein Podest an einer Kreuzung errichten und trug sein Thema mit den folgenden Worten vor: „Unter allen heiligen Menschen ist der heilige Buddha der hervorragendste. Unter allen Lehren ist die Lehre des Buddha die hervorragendste. Unter all denen, welche die Welt erlösen wollen, ist die buddhistische Gemeinschaft die hervorragendste. Wenn irgendein Gelehrter diese Worte zu widerlegen vermag, bin ich bereit, meinen Kopf zu opfern."

In der Folge versammelten sich viele Gelehrte und gelobten: „Wenn wir besiegt werden sollten, dann opfern wir unseren Kopf." Devas sagte: „Ein Grundsatz unserer Lehre besteht darin, die Menschen aus Mitgefühl heraus leben zu lassen, so dass wir eure Köpfe nicht wollen. Aber wenn ich euch besiegen werde, sollt ihr eure Köpfe scheren und meine Schüler werden." So vereinbarten sie es miteinander, und die Debatte begann. Innerhalb von zwei oder drei Tagen hatte Deva alle Gelehrten besiegt. Drei Monate später wurden über eine Million Menschen seine Anhänger. Deva zog sich dann in den Wald zurück und schrieb auf, was sich während der Debatte ereignet hatte. Diese Aufzeichnung ist das *Satra-sastra*, welches in zehn Kapitel unterteilt ist. Es widerlegt hauptsächlich die irrigen Ansichten der Häretiker sowie mancher Buddhisten.

Wenn diese Lehre sowohl das Hinayana wie das Mahayana zurückweist und ebenso die Andersgläubigen, was ist dann ihr Grundsatz? Diejenigen, welche die Unterschiede zwischen der eigenen Lehre und den anderen beachten und auch an die Vielzahl der Lehren im Mahayana und Hinayana glauben, sind dem Irrtum verfallen. Die Wahrheit ist nichts anderes als der Zustand, in dem das Denken zu einem Ende kommt. Die wahre Meditation besteht darin, diese Wahrheit zu erkennen. Wer diese Meditation erlangt hat, wird ein Buddha genannt. Das ist die Lehre der Sanron-Schulrichtung.

Kapitel 6: Die Kegon-Schulrichtung (Avatamsaka)

1. Geschichte der Schulrichtung

(a) Die Übersetzung des grundlegenden Textes

Diese Schulrichtung basiert auf dem *Kegon-kyô* bzw. *Avatamsaka-sutra* (Nr. 87, 88, 89) und wird daher als Kegon-shû bezeichnet. Es soll sechs verschiedene Versionen dieses Sutras geben. Die erste wird *gô-hon* oder „ewiger Text" genannt, die zweite *dai-hon* oder „großer Text". Diese Texte werden dank der Kraft der *dharani* oder des „Bewahrens" der großen Bodhisattvas erhalten und sind bisher noch nicht aufgezeichnet worden. Die dritte Version ist das *jô-hon*, der „höchste bzw. längste Text", der vierte das *chû-hon*, der „mittlere Text". Diese beiden werden im geheimen Drachenpalast (*ryûgu*) in der Meerestiefe aufbewahrt und nicht von den Menschen aus Jambudvipa (Enbudai), d.h. dieser Welt. Der fünfte ist das *ge-hon*, der „niedrige oder kurze Text", der 100.000 Verse oder Wörter in 39 Kapiteln umfassen soll. Der Bodhisattva Nagarjuna hat ihn im Drachenpalast erhalten und überlieferte ihn in Indien. Der sechste Text ist das *ryaku-hon*, der „gekürzte Text", der ins Chinesische übersetzt worden ist. Während der Shin-Dynastie (317-420) übersetzte Buddhabhadra 36.000 Verse aus der ersten Hälfte des fünften Textes, eingeteilt in 60 Bände (Nr. 87). Später (695-699), während der Tang-Zeit (618-907), übersetzte Sikshananda 45.000 Verse der ersten Hälfte des fünften Textes, eingeteilt in 80 Bände (Nr. 88). Zur selben Zeit erstellte Prajna eine separate Übersetzung eines Kapitels mit dem Namen *Dharma-dhatvavatara* (*Nyûhôkai*). Sie besteht aus 40 Bänden (Nr. 89).

Was ist der „ewige Text", der nicht niedergeschrieben wird? Selbst in einem einzigen Staubkorn aus den zahllosen und unermesslich großen Welten existieren unzählige Buddhas, welche ununterbrochen während aller drei Stadien des Seins (Vergangenheit, Gegenwart und Zukunft) das *Kegon-kyô* lehren; daher können die Lehren nicht zusammengefasst werden. Der eine Gedanke von Shakyamuni ist nichts als die Wahrheit (*shinnyo*). Diese Wahrheit erfüllt die zehn Richtungen während aller drei Stadien des Seins. Dieser eine, nicht von der Wahrheit getrennte Gedanke erfüllt dieselbe Sphäre. Während er in diesem Gedanken verweilte, verkündete Shakyamuni seine Lehren; so umfangreich, dass alle Dinge in den zehn Richtungen in allen drei Stadien des Seins zur gleichen Zeit lehren. Selbst ein einziger Buddha handelt so. Um wie viel mehr dann alle Buddhas, andauernd und gleichzeitig? Darum gibt es keine Möglichkeit, ihre Verkündigungen vollständig zu erfassen.

(b) Die Übertragung der Lehre

Der erste Patriarch Asvaghosha (Memyô) verfasste das *Mahayana-sraddhotpada-sastra* bzw. *Daijôkishin-ron* (Nr. 1249, 1250), die „Abhandlung über die Vertrauenserweckung in das Große Fahrzeug".

Der zweite Patriarch Nagarjuna (Ryûju) verfasste das *Mahacintya-sastra* bzw. *Daifushigi-ron*, die „Abhandlung über das große Wunder". Es gibt inzwischen eine Übersetzung von einem Teil des Werks, mit dem Namen *Dasabhumi-vibhasha-sastra* bzw. *Jûjûbibasha-ron*, der „Vollständig erläuterten Abhandlung über die zehn Stufen" (Nr. 1180). Diese beiden waren die indischen Bodhisattvas; die folgenden fünf Patriarchen sind berühmte chinesische Gelehrte.

Der dritte Patriarch Tojun Daishi – sein Familienname war To und sein Vorname Hôjun – etablierte als erster die Begrifflichkeiten der „fünf Lehren" (*go-kyô*) und schrieb zwei Werke, das *Gokyôshikan* und das *Hôkaikanmon* (Nr. 1596).

Der vierte Patriarch Shisô Daishi – sein Familienname war Chô und sein Vorname Chigon – verfasste das *Sôgenki* und das *Kumokushô*.

Der fünfte Patriarch Genju Daishi – sein Familienname war Kô und sein Vorname Hôzô – schrieb das *Gokyôsho*, das *Tangenki* und einige andere Werke und vervollständigte die Lehren der Schulrichtung. Als er über das Sutra las, regnete es wunderbare himmlische Blumen und Strahlen von weißem Licht kamen aus seinem Mund. Die Kaiserin Wu Zetian der Tang-Dynastie (Reg. 684-705) verlieh ihm den posthumen Titel Genju Bosatsu.

Der sechste Patriarch Shôryô Daishi – sein Familienname war Kakô und sein Vorname Chôkan – lebte auf dem Godai-Berg und kompilierte das *Daishoshô* (Nr. 1589, 1590), einen großen Kommentar zum *Kegon-kyô* in achtzig Bänden.

Der siebte Patriarch Keihô Zenji – sein Familienname war Ka und sein Vorname Shumitsu – lebte im Sôdô-Kloster auf dem Shûnan-Berg und verkündete dort die Lehre.

Im Jahr 736 kam Dôsen, ein chinesischer Vinaya-Gelehrter nach Japan und brachte erstmals die Lehren dieser Schulrichtung mit. Vier Jahre später berichtete Ryôben dem Kaiser Shômu davon und veranlasste den koreanischen Mönch Shin-shô über das *Kegon-Sutra* in 60 Bänden zu lesen – in der Konshô-Halle („Goldene Glocke") des Tôdaiji, dem „großen östlichen Kloster". Am Eröffnungstag war eine purpurfarbene Wolke am Himmel, welche der Kaiser sehr bewunderte. Der Dozent (Shin-shô) behandelte in einem Jahr zwanzig Bände und vollendete seine Aufgabe nach drei Jahren. Danach wurden Vorlesungen über das Sutra eine regelmäßige Aufgabe des Tôdaiji.

2. Die Lehren der Schulrichtung

(a) Die Zeit der Verkündigung des *Kegon-kyô* durch den Buddha und der Name des Werks

Nachdem Shakyamuni die Buddhaschaft erlangt hatte, verweilte er sieben Tage lang schweigend. Während dieser Zeit meditierte er über die von ihm erkannte Lehre, dachte über die Fähigkeiten der Lebewesen nach und über die Lehre, welche er ihnen verkünden würde. Dieses Stadium wird als *sagara-mudra-samadhi* (*kai-in-sammai*) bezeichnet, d.i. die „Versenkung des Ozean-Siegels". So wie wenn die vier Truppen böser Geister (*asura*) auf der großen See erscheinen, als ob sie versiegelt wäre, ebenso erscheinen alle Phänomene, Lehren und Wesen der Weisheit des Buddha, dem vollkommen Erleuchteten. Er verkündete seine Lehre so, wie sie ihm während seiner ersten Meditation erschien, aber entsprechend der Fähigkeiten und Voraussetzungen seiner Zuhörer. Diese Lehren ergeben mehr als 300 „Versammlungen" oder Zeitphasen, welche als die fünf Lehren beschrieben werden, nämlich „Kleinheit" (*shô*), „Anfang" (*shi*), „Ende" (*jû*), „Plötzlichkeit" (*ton*) und „Vollendung" (*en*).

In der zweiten Woche nach seiner Erleuchtung verkündete der Buddha das *Kegon-sutra*, welches daher den Anfang der Verkündigung seines gesamten Lebens darstellt. Diese Verkündigung erfolgte an sieben verschiedenen Orten, an denen acht Versammlungen stattfanden, von denen zwei sich am selben Ort befanden. Drei der sieben Orte waren in der Welt der Menschen, die anderen in himmlischen Sphären. Man sollte es sich jedoch nicht so vorstellen, als ob der Buddha tatsächlich zu so vielen unterschiedlichen Orten und Treffen gegangen wäre, um zu unterrichten. Er hat sich nicht vom *jakumetsu-dôjô*, dem „Ort der vollständigen Erleuchtung" erhoben und dennoch an diesen sieben Orten gelehrt; denn er hat die Lehre der vollständigen Nicht-Behinderung von Allem gelehrt. Manche wiederum bezweifeln, dass dieses Sutra vom Buddha schon in der zweiten Woche nach seiner Erleuchtung verkündet worden sein kann, denn in der achten Versammlung waren Hörer (*sravaka*) wie Sariputra (Sharihotsu) und Mahamaudgalyayana (Daimokukenren) anwesend, welche erst später Buddhas Schüler werden sollten. Dies war jedoch möglich aufgrund der Kräfte der *dharani* des Buddha. Es heißt im Sutra, dass „alle Zeitalter der Vergangenheit in der Zukunft sind und diejenigen der Zukunft auch in der Vergangenheit". Es geschah also infolge der Kraft der *dharani* des Buddha, dass Sariputra und Maudgalyayana, seine späteren Anhänger, bereits in der Versammlung der zweiten Woche anwesend waren.

Das *Kegon-kyô* ist das ursprüngliche Sutra der Lehren von Buddhas gesamtem Leben. Alle seine Lehren entspringen diesem Text. Wenn wir alle Zweige der Wurzel zuschreiben, dann können wir sagen, dass es keine Lehren Buddhas während seines Lebens gegeben hat außer diesem Sutra. Wir werden nun den Titel des Sutras auf einfache Weise erklären, um den Aufbau des Werkes zu zeigen; denn es heißt, dass der Titel des Sutras ein Zeichen seines Inhalts ist. Der Titel des Sutras besteht aus den sieben Silben *Dai-hô-kô-butsu-ke-gon-kyô*, d.h. *Buddhavatamsaka-maha-vaipalya-sutra*. Die ersten sechs Silben, *Daihôkôbutsukegon*, wörtlich „groß, eckig, umfassender Buddha-Blumen-Schmuck" beschreiben die Lehre, welche erläutert wird, und die letzte Silbe, *kyô* oder Sutra, bedeutet „Lehre". Von den sechs ersten Silben bedeuten die vier ersten, *dai-hô-kô-butsu*, die Lehre oder das, was erläutert wird, während die beiden letzten, *ke-gon*, einen Vergleich bedeuten. Von den ersten vier Silben stehen die drei ersten, *dai-hô-kô*, für das zu verstehende Prinzip, und die vierte, *butsu* oder Buddha, steht für die Weisheit des Verstehens. Das gesamte Sutra ist nichts anderes als Prinzip und Weisheit. Das Prinzip ist Samantabhadra (Fugen) und die Weisheit Manjusri (Monju). Das Stadium, in dem Prinzip und Weisheit aufhören, voneinander getrennt zu sein, wird der *dharma-kaya* von Vairocana genannt (*Birushana hosshin*), oder der „Körper des Gesetzes der großen Erleuchtung", d.h. Buddha.

Das Wort *dai* oder „groß" bedeutet „enthalten", *hô* oder „eckig" bedeutet „Regeln", *kô* oder „umfassend" bedeutet „erstrecken". Der eine und wahre *dharma-kaya* enthält horizontal die drei Stadien der Existenz und erstreckt sich vertikal in die zehn Richtungen. Er ist frei von Falschem, so dass er *dai-hô-kô*, „groß-eckig-umfassend", d.h. *Mahavaipulya* oder „große Ausdehnung" genannt wird. Der Buddha hat diese Wahrheit mittels seiner Weisheit verstanden und sie ebenso verkündet. Das ist das *Kegon-sutra*, das „Blumen-Girlanden-Sutra" oder *Avatamsaka-sutra*. Der Begriff *kegon* oder „Girlande" ist ein Vergleich. Die 34, an sieben Orten und vor acht Versammlungen verkündeten Kapitel enthalten die volle Erleuchtung des Buddha, so wie eine Girlande aus der Verknüpfung von unzähligen, wunderbaren Blumen entsteht. Darum wird dieses Sutra *Daihôkôbutsu-kegon-kyô* genannt, das „Sutra von Buddhas Girlande großer Ausdehnung".

(b) Die Einteilung der fünf Lehren (*go-kyô*)
Wie wir bereits erwähnt haben, hat der Buddha dieses vollkommene Sutra in der zweiten Woche nach seiner Erleuchtung verkündet. Aber Personen mit geringen Fähigkeiten wie Sariputra und Maudgalyayana waren dabei wie taub und stumm und unfähig, auch nur ein Wort zu verstehen. Als Folge daraus lehrte der Buddha die Hinayana-Lehren in geschickter Art und Weise. Er erläuterte den Hörern (*sravaka*) die vier edlen Wahrheiten (*shi-tai*) und den Selbstverwirklichern (*pratyeka-buddha*) die zwölf Glieder abhängigen Entstehens (*jûni-innen*). Er sprach auch von einer langen, drei unendliche Zeitalter (*asamkhya-kalpa*) andauernden Übungszeit zu den Bodhisattvas mit geringeren

Fähigkeiten. Dies sind nur Mittel, um diejenigen mit schwachem Verständnis zu erreichen, so wie die Bewirkung einer Fata Morgana im leeren Raum, um die Menschen für die eigenen Anliegen zu motivieren. Dies ist die erste Abteilung der fünf Lehren, welche als „Kleinheit" (*shô*) bezeichnet wird.

Die zweite Abteilung der Lehren trägt die Bezeichnung „Anfang" (*shi*). Dies sind die Lehren, welche der Buddha denjenigen verkündete, welche gerade vom Hinayana in das Mahayana eingetreten waren. Es gibt zwei Formen dieser Lehre, nämlich die der „Leerheit" (*kû*) und die der „Form" (*sô*). Erstere (*kû-shi-kyô*) ist die Lehre, welche besagt, dass alle Phänomene leer oder unwirklich sind, mit welcher die falsche Ansicht von der wahren Existenz der Phänomene (*dharma*) im Hinayana widerlegt wird. Dies ist die Lehre der Weisheits-Texte oder *Prajna-sutra* (*Hannya-kyô*), der drei Sastras und ähnlicher Werke. Die andere Lehre (*sô-shi-kyô*) ist die Lehre, welche die für einen selbst und für andere heilsamen Tugenden lehrt, um so die Buddhaschaft zu erlangen. Sie erhöht die sechs Arten von Bewusstsein aus dem Hinayana auf acht und die 75 Faktoren auf 100 (siehe Kap. 1 und 4). Dies ist die Lehre des *Samdhinirmocana-sutra* (*Gejinmitsu-kyô*), des *Yogacara-bhumi-sastra* (*Yuga-ron*) und ähnlicher Schriften.

Die dritte Lehrphase wird „Ende" (*jû*) genannt, d.h. das Ende des Mahayana. Diese Lehren sprechen von der Verursachung durch den *tathagata-garbha* (*nyoraizô*) bzw. den „Schoß des Tathagata", aber nicht von der *bhuta-tathata* (*shinnyo*) bzw. der „wahren Soheit". Sie sagen auch, dass alle Menschen *suddha*[18] werden können, und nichts davon, dass die Menschen von fünferlei unterschiedlichen Anlagen sind

---

[18] *Suddha* bedeutet „Reinheit" und steht u.a. im Zusammenhang mit fünf Ebenen der feinkörperlichen Sphäre (*rupa-loka*), in welchen die „Nicht-mehr-Wiederkehrer" (*anagamin*) vor dem Erreichen des Nirwana geboren werden.

(wie es die Hossô-Schulrichtung tut). Es ist die Lehre, wie sie im *Lankavatara-sutra* bzw. *Ryôga-kyô* (Nr. 175, 176, 177), dem *Mahayana-sraddhotpada-* bzw. *Kishin-ron* und anderen Texten dargelegt wird.

Die vierte Lehrphase wird als „Plötzlichkeit" (*ton*) charakterisiert. Sie lehrt, dass das Nicht-Erscheinen von Gedanken als Buddhaschaft bezeichnet wird. Die wahre Natur ist mit Worten nicht erklärbar. Wenn die irrigen Ansichten aufhören, scheint die Wirklichkeit auf – der Zustand, welcher als Buddhaschaft bezeichnet wird. Daher gibt es in dieser Lehre weder Unterscheidungen noch Rangstufen. Mit dem einen Gedankenmoment großen Verstehens wird man ein Buddha im gegenwärtigen Körper, so plötzlich wie ein Bild in einem Spiegel auftaucht. Seit jeher wird diese Lehre mit der von Bodhidharma begründeten, kontemplativen Schulrichtung (*zen-shû*) verglichen.

Die fünfte und letzte Lehrphase wird als „Vollendung" (*en*) beschrieben. Sie wird so bezeichnet, weil „das Eine und das Viele sich gegenseitig durchdringen, ungehindert und völlig frei". Die vierte Lehre der Plötzlichkeit spricht davon, in einem Gedankenmoment die Buddhaschaft zu erlangen, aber sie kennt noch nicht die Bedeutung der Nicht-Behinderung von allen Phänomenen im Zustand der Buddhaschaft. Von allen Lehren des Buddha erläutert nur das *Kegon-sutra* die Lehre der Vollendung.

Es gibt zwei Arten innerhalb des „Einen Fahrzeugs" oder *ekayana* (*ichi-jô*). Die eine ist das „Eine Fahrzeug der speziellen Lehre" (*betsukyô-ichijô*), d.h. das *Kegon-sutra*. Die andere ist das „Eine Fahrzeug der ähnlichen Lehre" (*dôkyô-ichijô*), welche auch das *Saddharma-pundarika-sutra* (*Hokke-kyô*) enthält. Somit wird die Bezeichnung „Eines Fahrzeug" gleichermaßen auf das *Lotos-Sutra* angewendet, aber die Lehre der Vollendung ist auf das *Kegon-sutra* beschränkt.

Kurz gesagt können die Qualitäten des Zustands der Buddhaschaft ohne diese Lehre nicht dargestellt werden. Sie besagt, dass die Zerstörung einer Sache identisch mit der Zerstörung aller Sachen ist. Wenn daher jemand einen Teil seiner Leidenschaften abschneidet, schneidet er alle ab. Sie sagt auch, dass eine Übung gleichwertig mit allen Übungen ist. Wenn daher jemand eine Übung vollzieht, vollendet er alle Übungen. Weiterhin heißt es, dass ein Gedanke gleichbedeutend mit unzähligen Zeitaltern ist. Darum durchschreitet man die drei Zeitalter oder unzählige Zeitalter in einem Augenblick und erlangt die Buddhaschaft. Darum wird in der „Lehrabteilung von Übung und Anordnung" (*gyôfumon*) von der Erlangung der Buddhaschaft nach drei Geburten gesprochen. Aber in der „Abteilung der Vollendung und Einschließung" (*ennyû-mon*) wird gesagt, dass wenn man sein Denken erstmals auf die vollkommene Erleuchtung ausrichtet, man sogleich die volle Erleuchtung verwirklicht. Das ist die wesentliche Lehre dieser Schulrichtung.

Kapitel 7: Die Tendai-Schulrichtung

1. Die Lehre der Schulrichtung

Die Lehre dieser Schulrichtung besteht darin, alle Menschen, egal ob von langsamem oder schnellem Verständnis, zu ermutigen, das Prinzip der „Vollständigkeit und Plötzlichkeit" mit vier Abteilungen zu praktizieren, von denen eine oder alle den Menschen entsprechend ihren Fähigkeiten gelehrt werden. Das Thema der Lehre besteht darin, die Menschen zu einem umfassenden Verständnis zu führen, die heilsame Sittlichkeit einzuhalten und die große Frucht der Erleuchtung zu erlangen. Dadurch werden sie eine Wohltat für ihr Land.

Das Prinzip der Vollständigkeit und Plötzlichkeit ist die Meditation über den mittleren Pfad. Dieser Pfad wird der unfassbare Zustand genannt. Wenn man dieses Prinzip versteht, ist alles vollendet. Obwohl sich die Wesen ursprünglich im Stadium der Vollendung befanden, versanken sie einstmals in Unwissenheit und fingen an, die Leiden der Existenz zu erfahren, ohne die Wahrheit zu kennen. Aus Mitgefühl für sie erschien der Buddha in der Welt und lehrte die Wahrheit in Form unterschiedlicher Lehren, entsprechend den zeitlichen und lokalen Bedingungen.

Es gibt die vier Lehrabteilungen von „Vollendung" (*en*), „Geheimnis" (*mitsu*), „Versenkung" (*zen*) und „Sittlichkeit" (*kai*), welche die Mittel darstellen, das Prinzip der Vollendung zu verstehen.

Folgendes ist die reguläre Anordnung der vier Lehrabteilungen: 1. die ethischen Vorschriften der Vollständigkeit und Plötzlichkeit (*endon-kai*); 2. die Praxis der Meditation (*shikan-gô*); 3. die Praxis von Vairocana (*shana-gô*); 4. die Übertragung der Lehre des Bodhidharma (*daruma-fu-hô*).

Die ethischen Vorschriften der Vollendung und Plötzlichkeit an erster Stelle machen den allgemeinen Charakter dieser Schulrichtung aus.

Unterweisungen hierzu werden daher erteilt, sobald jemand der Schulrichtung beitritt. Im Anschluss gibt es keine feste Ordnung, welche der beiden Praktiken zuerst ausgeführt wird. Die Übertragung der Lehre des Bodhidharma ist dann noch einmal eine eigenständige Überlieferung. Sie ist unabhängig von einer festen zeitlichen Abfolge, da sie geeigneten Personen in einer speziellen Zeremonie gelehrt wird.

Die ethischen Vorschriften der Vollendung und Plötzlichkeit bestehen darin, die vollkommenen und heilsamen Eigenschaften eines Buddha zu empfangen. Dies wird *ju-kai*, „Empfängnis der Vorschriften", genannt, welche als *sanjujô-kai* (*trividha-sila*) oder „dreifache, reine Vorschriften" bekannt sind.

Die erste Vorschrift ist die „Vorschrift guten Verhaltens" oder *shôritsugi-kai* (*sambhara-sila*), welche Böses untersagt. Es gibt kein Übel, welches nicht durch diese Vorschrift zerstört wird. Wenn Unwissenheit und Leidenschaften durch die Einhaltung dieser Vorschrift zu einem Ende kommen, wird der Status des *dharma-kaya* (*hosshin*) oder „Geist-Körpers" eines Buddha erlangt. Dies wird die Tugendkraft des Abschneidens (*dan-toku*) genannt.

Die zweite Vorschrift ist die „Vorschrift des Ansammelns und Bewahrens heilsamer Handlungen" oder *shôzenbô-kai* (*kusala-samgraha-sila*), welche die Menschen veranlasst, heilsame Taten auszuführen. Es gibt kein Gut, welches nicht darin eingeschlossen ist. Es wird erklärt als die Erweckung von Weisheit, des Vollziehens sämtlicher heilsamer, säkularer und religiöser Handlungen, dem weder-Ergreifen-noch-Aufgeben diverser Praktiken wie den sechs Vollkommenheiten (*paramita*), sowie der Anwendung geschickter Mittel (*hôben*). Dadurch wird der *sambhoga-kaya* (*hôshin*) oder „Vergeltungs-Körper" eines Buddha erlangt. Dies wird die Tugendkraft der Weisheit (*chi-toku*) genannt.

Die dritte Vorschrift ist die „Vorschrift des wohltätigen Wirkens zugunsten der Wesen" oder *shôshujô-kai* (*sattvarthakriya-sila*), welche den Wesen dient. Es gibt kein Wesen, welches nicht durch dieses Gelübde gerettet würde. Wenn alle lebenden Wesen dem Pfad des Buddha zugeführt sind (oder dazu veranlasst sind, der Lehre des Buddha zu folgen), wird der *nirmana-kaya* (*ôjin* bzw. *ke-shin*) oder „Verwandlungs-Körper" eines Buddha erlangt. Dies wird die Tugendkraft der Wohltätigkeit (*on-toku*) genannt.

Diese drei Vorschriften sind die drei Arten von Samen oder Ursachen der Buddhaschaft. Alle Lehren und Aspekte sind darin enthalten. Buddha hat alle drei verwirklicht, so dass er die vollendeten heilsamen Eigenschaften besitzt. Sie wurden von ihm angesammelt, um sie den Wesen zuteilwerden zu lassen.

Darum heißt es in einem Sutra, dass wenn Wesen die Vorschriften eines Buddha empfangen, sie im selben Augenblick in den Stand der Buddhaschaft gelangen. Die Reihenfolge der obigen drei Vorschriften ist nicht fest. Aber soweit es die Praxis betrifft, gilt es die Vorschrift des guten Verhaltens (*sambhara-sila*) zuerst zu bewahren; denn sie ist für alle Anhänger dieser Schulrichtung notwendig.

Als zweites folgt die Praxis der Meditation, welche darin besteht, über den mittleren Pfad zu meditieren, um dadurch die Prinzipien der Vollständigkeit und Plötzlichkeit zu verstehen. Alle Lehren des Buddha in den fünf Phasen seines Lebens sind darin enthalten. Diese Praxis gehört zur Lehre der Vollständigkeit, weshalb sie kurz als „Vollständigkeit" (*en*) bezeichnet wird.

Es gibt auch acht Abteilungen der Lehren Buddhas, entsprechend ihrer Eignung für die verschiedenen Arten von Zuhörern. Die „fünf Phasen" (*goji*) und „acht Abteilungen der Lehre" (*hakkyô*) werden als „Lehre und Versenkung" (*kyô-kan*) der Tendai-Schulrichtung bezeichnet. Die fünf Phasen werden nach den Titeln der maßgeblichen Schriften benannt, nämlich: 1. das *Kegon-kyô* oder *Avatamsaka-sutra* (Nr. 87-112); 2. der *Agon [Nikaya]* oder *Agama* (Nr. 542-781); 3. die *Hôdô* oder *Vaipulya-sutra* (Nr. 23-86); 4. die *Hannya-kyô* oder *Prajnaparamita-sutra* (Nr. 1-22); 5. [5a] das *Hokke-kyô* oder *Saddharmapundarika-sutra* (Nr. 133-139); 6. [5b] das *Nehan-kyô* oder *Nirwana-sutra* (Nr. 113-125). Die acht Abteilungen der Lehre sind (1) Plötzlichkeit (*ton*), (2) Schrittweise (*zen*), (3) Geheim (*himitsu*), (4) Unbestimmt (*fujô*), (5) Ansammlung (*zô*), (6) Fortschritt (*tsû*), (7) Unterscheidung (*betsu*), (8) Vollendung (*en*).

Die Praxis des Vairocana an dritter Stelle ist die Lehre des höchsten Fahrzeugs, des „Yoga der Vereinigung". Diejenigen, welche die große und geheime Lehre von Form und Geist vollziehen, Kräfte (*siddhi* bzw. *shitusji*) oder „Erfolg" entwickeln und dem Land von Nutzen sind, sind Vollender dieser Lehren. Diese Praxis ist das geheime Ritual in Übereinstimmung mit den Fähigkeiten der Anhänger, welche den vollkommenen Weg schnell durchlaufen möchten. Darum wird sie als *ji-mitsu* oder „Geheimnis der Dinge" [*secret of matters and forms*] bezeichnet. Wenn sie die geheime Bedeutung sowohl von Form als auch von Geist verstehen und den Zustand der Erleuchtung erreichen, sind sie auf der Ebene des Zusammenkommens von Verstand und Weisheit sicher, in diesem Leben die Buddhaschaft zu erlangen.

Die Übertragung der Lehre von Bodhidharma an vierter Stelle benötigt nur einen Gedanken und drei Regeln. Diejenigen, welche diese Praxis ergreifen, müssen unmittelbar in die spirituelle Welt eintreten, ihren Geist kultivieren und danach streben, die höchste und tätige Form der Weisheit zu erlangen. Wenn sie dann als geeignete Personen für die Übertragung angesehen werden, erhalten sie in einer speziellen Zeremonie ein versiegeltes Diplom.

2. Die Geschichte der Schulrichtung

(1) Die Übertragung der Vorschrift der Vollendung und Plötzlichkeit erfolgte erstmals von Vairocana an Shakyamuni, der sie seinerseits an den Bodhisattva Acita (Aitta, d.i. Maitreya bzw. Miroku) weitergab. Von diesem wurde sie in einer Abfolge von mehr als zwanzig Bodhisattvas weitergegeben. Kumarajiva erreichte China am zwanzigsten Tag des zwölften Monats des Jahres 401 und übertrug die Lehre seinen chinesischen Schülern. Danach wurde sie von Eshi aus Nangaku und Chiki von Tendai (posthum Chisha Daishi) hochgehalten, welche beide die geheime Lehre oder *tôchûsôjô*, die „Übertragung innerhalb des Turmes", empfangen hatten. Der Nachfolger von Chisha ist Kanjô aus Shôan.

Einige Generationen später lebte der Upadhyaya (Wajô) bzw. „Lehrer" Dôsui von Rôya. Zu seiner Zeit kamen Saichô (Dengyô Daishi) und Gishin (Shuzen Daishi) aus Japan nach China. Im Jahr 805 erhielten sie von Dôsui zusammen mit zwanzig anderen die Übertragung der Lehren dieser Schulrichtung und kehrten nach Japan zurück. Saichô übertrug sie an Ennin (Jikaku Daishi). Dies ist der Beginn der Übertragung der Sammon- oder Enryaku-ji-Linie (Hieizan). Gishin gab sie an Enchin (Chishô Daishi) weiter. Dies ist der Beginn der Übertragung der Jimon- oder Onjô-ji-Linie (Miidera). Nach diesen beiden verbreiteten sich die Lehren rasch über das ganze Land und teilten sich in viele Schulrichtungen auf.

(2) Die Übertragung der Praxis der Meditation erfolgte über 23 indische Patriarchen nach Shakyamuni. In China folgte Emon (um 550) den Ansichten des Bodhisattva Nagarjuna, dem 13. indischen Patriarchen, und verstand die Lehre des „ein Geist und drei Betrachtungen" (*isshin-sankan*). Auf ihn folgten Eshi (Nangaku Daishi, gest. 577) und Chiki (Tendai bzw. Chisha Daishi, gest. 597). Letzterer erklärte die Lehre auf

herausragende Weise, man spricht dabei von der Übertragung des „Geistigen Bergs" (Ryôzen, d.i. der Gridhrakuta bzw. Gishakutsu) in Indien, wo Shakyamuni das *Saddharmapundarika-sutra* verkündet hat, den zentralen Text dieser Schulrichtung. Dann wurde die Lehre über fünf Generationen weitergegeben, von Shôan Daishi bis zu Keikei Daishi. Im Jahr 804 reiste Dengyô Daishi im kaiserlichen Auftrag nach China und erhielt die Übertragung dieser Lehren von Dôsui, dem Hauptschüler von Keikei. Nach seiner Rückkehr nach Japan lehrte sie Dengyô Daishi v.a. Enchô (Jakkô Daishi) und Ennin (Jikaku Daishi). Dies ist die Übertragung der Sammon-Richtung. Im Jahr 851 begab sich Chishô Daishi auf kaiserlichen Auftrag hin nach China und erlernte die geheime Bedeutung der Lehren dieser Schulrichtung unter der Anleitung von Ryôsho, einem Nachfolger von Tendai Daishi in der neunten Generation. Als er nach Japan zurückgekehrt war, unterrichtete er Ryôyû und vervollständigte die Systematisierung der Lehren. Seit dieser Zeit wurden die Lehren kontinuierlich weitergegeben. Dies ist die Übertragung der Jimon-Richtung.

(3) Die Übertragung von Vairocana, der großen Lehre des höchsten Fahrzeugs der geheimen Vereinigung, erfolgte in Indien erstmals mündlich von Vairocana an Vajrasattva (Kongôsatta). Im Jahr 716 gelangte Subhakarasimha (Zenmui) aus Zentralindien nach China und übertrug die Lehre an Girin Daishi. Kurz darauf kam auch Vajrabodhi (Kongôchi) aus Indien nach China; sein Schüler Amoghavajra (Fukû) reiste von China nach Indien und wieder zurück. Beide gaben diese Lehren an die Buddhisten in China weiter.

Im Jahr 805 traf Dengyô Daishi den Acarya (Ajari) Junkyô, einen Schüler von Girin Daishi, wurde von diesem unterwiesen und kehrte anschließend nach Japan zurück. Im Jahr 808 vollführte er erstmals und auf kaiserliche Order im Takao-Kloster auf dem Berg Kiyotaki im

Nordwesten von Kyoto den geheimen Initiationsritus des *abhisheka* (*kanjô*) oder „Wasser über den Kopf träufeln". Shuen, Gonsô, Enchô und einige andere nahmen daran teil. Dies war der Tag, an dem die Kanjô-Zeremonie erstmals in Japan vollzogen wurde.

Im Jahr 838 reiste Jikaku Daishi nach China und wurde in den Lehren der Vollendung (*en*), des Geheimen (*mitsu*) und der Versenkung (*zen*) unterwiesen, sowie im *siddha* (*shitan*) bzw. Sanskrit-Alphabet, und erlangte Klarheit über schwierige Fragen der Lehre. Noch gründlicher wurde er in den geheimen Riten der großen Lehre des Gottheiten-Yoga unterwiesen. Er folgte Hôzen, Ganjô und Gishin, den Schülern des indischen Lehrer Subhakarsimha, und erlangte den offiziellen Titel eines Daikyô-ô oder „Großer König der Lehre". Im Jahr 847 kehrte er nach Japan zurück und begründete die Taimitsu-Lehre, d.i. die „geheime Lehre der Tendai-Schulrichtung". In mancher Hinsicht ist sie den ähnlichen, von den beiden großen Lehrern Dengyô Daishi und Kôbô Daishi überlieferten Lehren überlegen. Im Jahr 845 übertrug er sie Anne und einigen anderen. Seitdem haben sich diverse Zweigrichtungen ausgebildet. Dies ist die Übertragung der Sammon-Richtung.

Im Jahr 853 reiste Chishô Daishi nach China und wurde ein Schüler von Hôzen, von dem er als Zeichen für die Meisterung aller Lehren des Buddha zwei Artefakte erhielt, nämlich einen Stößel bzw. eine Art Messingkeule (*sho* bzw. *kine*) und eine Glocke (*rei* bzw. *suzu*). Er kehrte mit zahlreichen Büchern und anderen Objekten zurück. Vom Kaiser erhielt er die Erlaubnis, die „Meditation entsprechend des wahren Wortes" (*shingon-shikan*) zu verkünden. Auf diese Weise vollendete er die Lehren des Geheimen (*enmitsu*). Was die Übertragungslinie betrifft, ist sie bei den indischen und chinesischen Patriarchen soweit dieselbe, und Chishô Daishi war der Schüler des Acarya Hôzen in allen drei Lehrbereichen [s.o], der ihn sehr lobte und in allem Wesentlichen unterwies.

Nach seiner Rückkehr nach Japan unterwies er Shûei, Kôsai und andere. Es gibt auch eine Übertragungslinie des *siddhi* bzw. Sanskrit-Alphabets und einiger weiterer, zum Gottheiten-Yoga gehörenden Übertragungen.

(4) Die Übertragung der Lehre von Bodhidharma erfolgt über 28 indische und sieben chinesische Patriarchen. Im Jahr 736 kam Dôsen aus China nach Japan und übertrug die Lehre an Gyôhô, der sie seinerseits an Dengyô weitergab. Im Jahr 804 erhielt Dengyô in China noch einmal darin Unterweisungen von Shônen und lehrte sie anschließend Jikaku, der sie an Chôi weitergab usw. Es gibt keine unterschiedlichen Übertragungslinien dieser Lehre in der Sammon- und der Jimon-Richtung.

Kapitel 8: Die Shingon-Schulrichtung

1. Geschichte der Schulrichtung

Die Lehren dieser Schulrichtung waren ein großes Geheimnis. Sie lehren, dass wir den Status der „Großen Erleuchtung" erreichen können, d.h. den Zustand eines Buddha, während wir uns noch in dem gegenwärtigen Körper befinden, der von unseren Eltern gezeugt wurde (und aus den sechs Elementen Erde, Wasser, Feuer, Luft, Raum und Bewusstsein besteht), wenn wir die drei Geheimnisse von Körper, Rede und Geist anwenden.

Der Tathagata Mahavairocana (Dainichi Nyorai) verkündete im Zustand des *dharma-kaya* oder „Geist-Körpers" die Lehre der geheimen *mantra* oder „wahren Wörter" (Shingon) über seine eigenen Inhalte [d.i. sich selbst], um die von ihm erkannte Wahrheit zu illustrieren. Diese Lehre ist in Schriften wie dem *Mahavairocana-sutra* bzw. *Daninichi-kyô* (Nr. 530), dem *Vajrasekhara-sutra* bzw. *Kongôchô-kyô* (Nr. 534) u.a. aufgezeichnet. Obwohl es sich dabei um lange Texte handelt, ist das Wesentliche darin nichts anderes als der „Kreis" (*mandala*) der zwei Bereiche (*ryôbu*) der Diamant-Sphäre oder *Vajra-dhatu* (*Kongô-kai*) und der Schoß-Sphäre oder *Garbha-dhatu* (*Taizô-kai*). Das Mandala stellt daher die Substanz oder den Körper der Lehren dieser Schulrichtung dar. In der „Versammlung der Selbst-Natur" (*jishô-e*), in welcher Buddha die Lehre verkündet hat, empfing Vajrasattva (Kongôsatta) die geheime Initiation (*abhisheka* bzw. *kanjô*), d.h. die Einweihung durch das Gießen von Wasser über seinen Kopf als Zeichen der Nachfolge in der Lehre.

Später traf der herausragende Nagarjuna im eisernen Turm in Südindien auf Vajrasattva und empfing die geheimen Lehren von ihm, bestehend aus den zwei Teilen der Diamant- und Schoß-Sphäre. Nagarjuna übertrug die Lehre seinem Schüler Nagabodhi, der sie an Vajrabodhi weitergab. Vajrabodhi war sehr gelehrt und in vielen buddhistischen Schulrichtungen sowie anderen Religionen bewandert; er war besonders gut vertraut mit der tiefsten Bedeutung der Lehren dieser Schulrichtung, welche er in Indien eine beträchtliche Zeit lang verkündete. Dies war ein Abriss der Übertragung der Lehren in Indien.

Im Jahr 720 kam Vajrabodhi mit seinem Schüler Amgohavajra (Fukûkongô) in Loyang, der Hauptstadt von China an. Der Kaiser Gensô der Tang-Dynastie war hocherfreut und beauftragte ihn, ein Werk namens *Yuganenjûhô* oder „Lehre über das Rezitieren und Lesen des Yoga" zu übersetzen. Er gilt als Begründer der geheimen Lehren in China. Nach seinem Tod ging Amoghavajra zurück nach Indien, um weitere Forschungen in diesen Lehren zu unternehmen. Im Jahr 746 kam er wieder nach China und übersetzte zahlreiche heilige Schriften, siebenundsiebzig an der Zahl. Keika vom Seiryu-Tempel war sein Schüler, wie sein Meister ein sehr gelehrter Mann, wohlbewandert im Tripitaka und den zwei Bereichen. Derart verkündete er die Lehren im gesamten chinesischen Reich.

Im Jahre 804 reiste Kûkai, besser bekannt unter seinem posthumen Titel Kôbô Daishi, von Japan nach China und wurde ein Schüler von Keika. Dieser war über sein Eintreffen sehr erfreut und sagte: „Ich habe eine lange Zeit darauf gewartet, dass du hierher kommst." Während der zwei folgenden Monate empfing Kûkai die geheimen Anweisungen die beiden Bereiche betreffend. Im vierten Monat erhielt er von Keika die *abhisheka*-Initiation als Zeichen seiner Nachfolge mit den Worten: „Der Bhagavat, der Gesegnete, übergab den geheimen Schlüssel zur Wahrheit an Vajrsasattva, der ihn Nagarjuna übergab und so weiter bis zu mir. Nun, da ich sehe, dass du ein Mann von großer Gelehrsamkeit und gut geeignet für diese Lehren bist, übergebe ich dir den Schlüssel zu den geheimen Lehren der zwei Bereiche. Du solltest sie in deinem

Heimatland verkünden." Im Jahr 806 kam Kûkai zurück nach Japan. Der Kaiser Heizei begrüßte ihn freundschaftlich und beauftragte ihn, die Lehren weitflächig zu unterrichten.

Vom Tathagata Mahavairocana bis zu Kûkai gibt es acht Patriarchen in der Nachfolge der Lehre. Daneben gibt es noch eine andere Übertragungslinie von ebenfalls acht Patriarchen. Ihre Namen sind Nagarjuna (Ryûmyô), Nagabodhi (Ryûchi), Vajrabodhi (Kongôchi), Subhakarasimha (Zenmui), Amoghavajra (Fukûkongô), Keika, Ichigyô und Kûkai.

Kûkai hatte zehn Hauptschüler, von denen Jichie und Shinga als seine beiden eigentlichen Nachfolger gelten. Auf sie folgte Gennin, der die Lehren an Yakushin und Shôbô übertrug. Shôbô war der Begründer der Ono-Schulrichtung und Yakushin der Begründer der Hirosawa-Schulrichtung.

Hier eine Genealogie der aufeinanderfolgenden Patriarchen:

Indien:

1. Mahavairocana (Dainichi), d.i. Shakyamunis eigentlicher und innen-erleuchteter Leib (*shaka jinaishô shin*)
2. Vajrasattva (Kongôsatta)
3. Nagarjuna
4. Nagabodhi

China:

5. Vajrabodhi
6. Amoghavajra
7. Keika

93

Japan:

8. Kûkai (Kôbo Daishi)
9. Jichie und Shinga
10. Yakushin (Hirosawa-Schulrichtung) und Shôbô (Ono-Schulrichtung)

2. Die Lehren der Schulrichtung

(a) Die Einteilung der Lehren
Der Shingon-Schulrichtung zufolge gibt es zwei Wege, die gesamten Lehren des Buddha zu klassifizieren. Den ersten Weg bilden die „zehn Stufen des Geistes" (*jûjûshin*), bei dem die Lehren nacheinander oder horizontal angeordnet sind. Der zweite Weg ist die Einteilung in geheime und offenbare Lehren (*kenmitsu-nikyô*), eine vertikale Anordnung. Bei dieser Einteilung gelten alle von Shakyamuni verkündeten Lehren als offenbar (*kengyô*) und die vom *dharmakaya* (*hosshin*) oder „Geist-Körper" ausgehenden Lehren als geheim (*mitsu-kyô*). Der *dharmakaya* ist das innere Wesen der Erleuchtung eines Buddha. Er wird von den Anhängern der offenbaren Lehren als formlos und schweigend angesehen; aber in der geheimen Lehre heißt es, dass er Gestalt annimmt und die Lehre verkündet. Die offenbare Lehre ist an die Hörer angepasst, wie eine förmliche Unterhaltung mit geschätzten Gästen. Die geheime Lehre hingegen ist das im Verborgenen erkannte und an seine Schüler weitergegebene Gesetz des Buddha, wie eine freundschaftliche Unterhaltung unter Verwandten. Die Einteilung wird also dazu verwendet, um die Unterschiede bezüglich der Tiefe oder Seichtheit der Lehren dieser und der vier anderen Schulrichtungen zu erklären, d.i. der Hossô-, Sanron-, Tendai- und Kegon-Schulrichtung.

94

Die zehn Stufen des Geistes sind ursprünglich im Kapitel über die „Stadien des Geistes" im *Dainichi-kyô* angeführt. Es handelt sich um Bezeichnungen, um zehn verschiedene Ebenen des Geistes von lebenden Wesen zu illustrieren. Kûkai adaptiere sie in umsichtiger Weise, um die Unterschiede unter den Schulrichtungen zu erläutern. Diese Stadien können auch als „horizontal" und „vertikal" beschrieben werden. „Vertikal" bezeichnen sie die unterschiedlichen Arten von Objekten im Dharmadhatu-Mandala (Hôkai-mandara), der „Sphäre des Standes der Phänomene", und umfassen die Bedeutung aller Lehren des Buddha. „Horizontal" erläutern sie die schrittweise Verbesserung der geistigen Verfassung der Adepten dieser Schulrichtung, vom ersten Augenblick heilsamer Gedanken bis zur endgültigen Verwirklichung der Erleuchtung. Die zehn Stufen des Geistes sind:

1. *Ishô-teiyô-shin*, der „unruhige, ziegengleiche Geist",[19] ist das Merkmal der drei unheilsamen Zustände der *naraka* bzw. Höllenbewohner, der *preta* oder Geister und der *tiryagyonigata-sattva* oder niederer Tiere. *I-shô* meint unwissende Menschen, welche sich von weisen Menschen in ihrer „Geburt unterscheiden". Sie sind verrückt von Begierden und können nicht zwischen heilsam und unheilsam unterscheiden, noch verstehen sie das Prinzip von Ursache und Wirkung [Karma]; sie streben nur nach der Befriedigung ihres Hungers und ihrer Lust, so wie ein Ziegenbock. Dieses Tier ist von seiner Natur her sehr tiefstehend und einfältig und kennt nichts als Hunger und Verlangen; darum wird in Indien ein Mensch, der kein Verständnis für die Lehre von Ursache und Wirkung aufbringt, mit einem Ziegenbock verglichen. Die erste Stufe des Geistes ist die allmähliche Ursache reiner Ansichten; wenn man

---

[19] Übersetzung der Bezeichnungen nach Taiko Yamasaki, *Shingon*, S.100/101.

von der ersten Stufe einmal freigeworden ist, tritt die zweite Stufe an ihre Stelle.

2. *Gudô-jisai-shin*, der „närrische Geist der Entsagung", ist das Merkmal der Menschen. Das Dunkel der Unwissenheit gewöhnlicher Menschen wird mit dem geistigen Zustand eines einfältigen Knaben (*gudô*) verglichen. Enthaltsamkeit (*jisai* oder *sila*) bezeichnet die ethischen Vorschriften, mit denen Körper und Rede rein gehalten werden. Wenn jemand die ethischen Vorschriften gemäß den Anweisungen seiner Lehrer und Freunde einhält und heilsame Ansichten kultiviert, ist sein Zustand wie das Aufblühen von Pflanzen und Blumen im Frühling. Im Falle eines Shingon-Adepten entspricht dies der ersten Versenkung oder *samaya*, in welcher er die Übung der drei Geheimnisse von Gedanke, Wort und Tat vollzieht. Die fünf Haupttugenden und die fünf Beziehungen des Konfuzianismus[20] sowie die fünf Vorschriften des Buddhismus[21] sind auf dieser Stufe des Geistes enthalten.

3. *Eidô-mui-shin*, der „kindliche, furchtlose Geist", ist das Merkmal der himmlischen Zustände. Die Schwäche der unwissenden Menschen wird mit der eines Kindes verglichen. Wenn sie gute Freunde treffen, die herausragende Lehre vernehmen und die zehn Vorschriften beachten, werden sie eine Zeitlang von den Schmerzen der drei unheilsamen Zustände frei sein. Daher der Ausdruck *mu-i*, „ohne Furcht". Für den Adepten der Shingon-Schulrichtung bedeutet diese Stufe den schrittweisen Fortschritt in seiner Übung der drei Geheimnisse. Die Ansichten

---

[20] D.i. Menschlichkeit, Rechtschaffenheit, Sittsamkeit, Weisheit und Aufrichtigkeit sowie die Beziehung zwischen Herr und Vasall, Mann und Frau, Alt und Jung, Geschwistern zueinander und Freunden untereinander.
[21] D.i. Nicht-Lügen, Nicht-Töten, Nicht-Stehlen, kein unrechter sexueller Verkehr bzw. Enthaltsamkeit und der Verzicht auf berauschende Getränke.

des Brahmanismus und die zehn Vorschriften des Buddhismus sind auf dieser Stufe enthalten.

4. *Yuiun-muga-shin*, der „Geist der nicht an das Selbst, doch an die Skandhas glaubt", ist das Merkmal der *sravaka* (*shômon*) oder „Hörer". Es gibt in den Lebewesen kein Selbst, welches die höchste Autorität besitzt; die Lebewesen bestehen nur aus den fünf Gruppen bzw. *skandha* (*go-un*), d.i. *rupa* (*shiki*) oder Form, *vedana* (*ju*) oder Wahrnehmung, *samjna* (*sô*) oder Bezeichnung, *samskara* (*gyô*) oder Gestaltung und *vijnana* (*shiki*) oder Bewusstsein. Der „Dreikorb" bzw. *tripitaka* des Hinayana ist auf dieser Stufe des Geistes mitenthalten; sie bildet die Lehren der Kusha-Schulrichtung (Kap. 1) ab.

5. *Batsugô-inshu-shin*, der „Geist, der frei ist von den Samen karmischer Verursachung", ist das Merkmal der *pratyeka-buddha* (*engaku*) oder „Allein-Verwirklicher". Der Terminus *gô* oder Handeln bezeichnet Leidenschaft, der Terminus *in* oder Ursache steht für die zwölf Glieder des abhängigen Entstehens, *shu* oder Same bezeichnet die Unwissenheit (*avidya*). Aus dieser Unwissenheit heraus entstehen Leidenschaften und es folgen Handlungen, wodurch die zwölf Glieder abhängigen Entstehens in Kraft treten. Die *pratyekabuddha* meditieren über dieses abhängige Entstehen und gelangen zur Erleuchtung; daher der Ausdruck „Geist, der frei ist von den Samen karmischer Verursachung". Auf dieser und der fünften Stufe des Geistes befindet sich der Shingon-Adept in der Versenkung, in welcher er erkennt, wie jedes Phänomen – so wie ein Spiegelbild oder die Reflexion des Mondes im Wasser – frei von einer [substantiellen] Selbstnatur ist.

6. *Taen-daijô-shin*, der „große mitfühlende Mahayana-Geist", ist das Merkmal der Hossô-Schulrichtung. Wenn man erkannt hat, dass es

nichts außerhalb des Geistes gibt, entwickelt man ein unbegrenztes Mitgefühl und geleitet die Wesen auf die andere Seite [des Daseinstroms], d.h. zum Nirwana.

7. *Kakushin-fushô-shin*, der „Geist, der zum Nicht-Geborenen erwacht ist", ist das Merkmal der Sanron-Schulrichtung. *Kakushin*, der „erkennende Geist", bedeutet zu verstehen, dass die unreinen Gedanken der Leidenschaften selbst ursprünglich rein sind. *Fushô*, „Nicht-Geboren", ist der erste von acht negativen Ausdrücken in der Erklärung des mittleren Pfads.[22] Wenn dieser erste verstanden ist, versteht man auch die sieben anderen. Es heißt, wenn die Wolke der falschen Ansichten der acht Verirrungen durch die ausgezeichnete Begründung der acht Negationen hinweg geblasen ist, erstrahlt der Himmel des mittleren Wegs bzw. der Wahrheit ruhig und klar. Wenn diese siebte und die folgende achte Stufe des Geistes erreicht sind, erreicht der Shingon-Adept den Zustand der Freiheit von Gedanken im Yoga der Vereinigung.

8. *Ichidô-mui-shin*, der „Geist des einzigen Weges zur Wahrheit", ist das Merkmal der Tendai-Schulrichtung. Der „eine Pfad" (*ichi-dô*) ist eben und gleichmäßig und wird *ichi-nyo* oder „eine Soheit" in der Tendai-Schulrichtung genannt. Der Ausdruck *mu-i* (*asamskrita*) oder „ohne Handeln" ist der natürliche Zustand, welcher in der Tendai-Lehre als *jissô* oder „wahres Merkmal" bezeichnet wird.

9. *Goku-mu-jishô-shin*, der „Geist der letztendlichen Nicht-Selbst-Natur", ist das Merkmal der Kegon-Schulrichtung. Der Ausdruck *goku* bedeutet so viel wie „äußerst" oder „extrem". In der offenbaren Lehre

---

[22] In Nagarjunas *Mulamadhyamika-karika*, wo es zu Beginn heißt: „Weder Geburt noch Vergehen, weder Beständigkeit noch Endlichkeit, weder Einheit noch Unterschiedlichkeit, weder Herkommen noch Fortgehen."

(*kengyô*) ist das *Kegon-sutra* bzw. *Buddhavatamsaka-mahavaipulya-sutra* das Beste; in diesem Sutra wird die Wahrheit in Übereinstimmung mit der Beziehung erläutert und hängt nicht an der sogenannten „Selbst-Natur".

10. *Himitsu-shôgon-shin*, der „geheime, vollendete Geist", ist das Merkmal der geheimen Lehre. *Himitsu* oder „geheim" bezeichnet die esoterische Praxis der Drei Geheimnisse des Tathagata oder Buddha, welche die heilsamen Qualitäten ausschmücken.

Kûkai hat gesagt: „Die offenbare Lehre vertreibt den äußeren Schmutz, und die Shingon- bzw. Wahres-Wort-Lehre öffnet den Speicher (d.i. zeigt die innere Wahrheit)." In diesem Sinne sind die ersten neun Ebenen nur Mittel, um die Leidenschaften aufzuhalten und falsche Ansichten zu beseitigen. Erst wenn er die zehnte und letzte Stufe des Geistes erreicht, erkennt der Adept die Quelle und den Grund seines eigenen Geistes und versteht das Geheimnis der Buddha-Werdung im gegenwärtigen Körper [*sokushin-jôbutusu*]. Dies wird als die eigentliche Bedeutung des Aufweisens der Tugendkraft bezeichnet.

(b) Die Vajradhatu-Sphäre und die Garbhadhatu-Sphäre

Die *mandala* oder „Kreise" der zwei Bereiche repräsentieren das Wesen von Prinzip (*ri*) und Weisheit (*chi*) der Buddhas und auch die Wirklichkeit der Form und des Geistes. Der Grund, warum die Mandala in dieser Schulrichtung etabliert sind, besteht darin aufzuzeigen, dass die Form und der Geist der Buddhas ebenso wie diejenigen der nicht erleuchteten Wesen gleichermaßen aus den sechs Elementen gebildet sind. Im Ausdruck *vajra-dhatu* oder *kongô-kai* („Diamant-Sphäre") hat das Wort *vajra* die beiden Bedeutungen von „Härte" und „Nützlichkeit". Im ersten Sinne wird es mit der geheimen Wahrheit verglichen, welche fortwährend besteht und nicht zerstört werden kann. Im zweiten

Sinne deutet es die Weisheitskräfte der Erleuchtung an, welche die Hindernisse der Leidenschaften zerstören. Der Ausdruck *garbha-dhatu* oder *taizô-kai* („Schoß-Sphäre") bedeutet „ergreifen". Dies wird verglichen mit dem Zustand der Dinge, wie sie vom ursprünglichen Dasein der Wesen ergriffen werden, so wie ein Kind sich im Körper seiner Mutter befindet. Diese beiden Unterscheidungen der Sphäre oder *dhatu* sind Verkörperungen vom Wesen der Form und des Geistes, die eine des Prinzipiellen und die andere der Weisheit; sie sind die Grundlagen dieser Schulrichtung. Sie sollten daher nie außerhalb des Geistes der Wesen gesucht werden, in welchem sie wahrhaft existieren. Der wesentliche Punkt der zwei Bereiche von *vajra-dhatu* und *garbha-dhatu* besteht darin, den Ursprung oder Grund seines eigenen Geistes zu erkennen und die Maße oder Bestandteile seines eigenen Körpers.

Obwohl die zwei Bereiche ursprünglich Eins sind, werden sie doch entsprechend der Anwendung von Prinzip und Weisheit unterschieden. In diesem Fall ist die Diamant-Sphäre die Weisheit, die nicht vom Prinzip getrennt ist, und sie steht für den Nutzen für das eigene Selbst. Die Schoß-Sphäre ist das nicht von der Weisheit getrennte Prinzip und dasjenige, was anderen nützt. Die Schoß-Sphäre besteht aus den drei Aspekten der großen Meditation, großen Weisheit und großem Mitgefühl, welche als Buddha, Vajra und Padma (Lotos) gekennzeichnet sind. Diese drei werden formell als *tathagatanu-bhava* (*butsu-bu*) oder „Buddha-Abteilung", *vajranu-bhava* (*kongô-bu*) oder „Diamant-Abteilung" und *padmanu-bhava* (*renge-bu*) oder „Lotos-Abteilung" bezeichnet. Die Buddha-Abteilung entspricht dem Tathagata Mahavairocana (Dainichi Nyorai), d.i. die Vollendung der Erleuchtung. Die Diamant-Abteilung verkörpert die Weisheit von Vajrasattva, dessen feste Weisheit alle Leidenschaften zerstören kann, selbst wenn man seit langer Zeit in den Kreislauf der Weitergeburten versunken ist. Die

Lotos-Abteilung stellt das Mitgefühl von Avalokitesvara dar und zeigt den unbefleckten Geist in allen Wesen auf, welcher weder zerstört noch durch den Kreislauf der sechs Daseinszustände beschmutzt werden kann – so wie eine Lotosblume sich aus dem Schlamm erhebt.

Die Diamant-Sphäre illustriert die fünf Arten von Weisheit (s.u.) und besteht aus fünf Abteilungen. Diese sind die *ratnanu-bhava* (*hô-bu*) oder „Juwel-Abteilung" und *karmanu-bhava* (*katsuma-bu*) oder „Handlungs-Abteilung", zusammen mit den drei Abteilungen der Schoß-Sphäre. Die Handlungs-Abteilung steht für die Vollendung des Handelns und die Juwel-Abteilung zeigt die grenzenlose Tugend und Freude, die der vollkommenen Erleuchtung des Buddha innewohnen.

Hinzu kommt das Mandala bzw. der Kreis der neun Versammlungen in der Diamant-Sphäre, wobei „Kreis" für Vollkommenheit steht. Dieses Mandala ist von vierfacher Art, nämlich: 1. *maha-mandala*, die Körper aller verehrten Objekte; 2. *samaya-mandala*, das Schwert und andere von den Ehrwürdigen getragenen Gegenstände; 3. *dharma-mandala*, ihre *bija* (*shuji*) oder „Keimsilben", d.h. die geheimen Buchstaben und Silben, welche die wesentlichen Teile eines *mantra* sind; 4. *karma-mandala*, ihre Handlungen.

Das Mandala der neun Versammlungen der Diamant-Sphäre erklärt sich so:[23]

1. Die *karmad-parshad* (*katsuma-e*) oder „Versammlung des Handelns" verkörpert die ehrwürdigen Formen und Handlungen der verehrten Objekte. Diese Versammlung entspricht der ersten unter den vier Arten eines Mandala [d.i. dem *maha-mandala*]. Wenn wir sie alle zusammenzählen, befinden sich darin 1.061 Gottheiten, die aber für gewöhnlich

---

[23] Der Aufbau der Mandala und Informationen dazu finden sich bei Taiko Yamasaki, *Shingon – Der esoterische Buddhismus in Japan,* oder bei Roger Goepper, *Shingon – Die Kunst des geheimen Buddhismus in Japan.*

auf 37 reduziert werden, entsprechend der Anzahl ihrer heilsamen Qualitäten, wie die 37 Erleuchtungsglieder (*bodhyanga*). Die 37 Ehrwürdigen der Handlungs-Versammlung, der ersten der neun Versammlungen, sind in folgender Weise angeordnet:

1) Mahavairocana oder Dainichi („Große Sonne"), der das Zeichen bzw. Siegel (*mudra*) der „Faust der Weisheit" zeigt;
2) Aksobhya oder Ashuku („Unbeweglicher"), der die Festigkeit des Erleuchtungsgeistes bzw. der vollkommenen Weisheit verkörpert;
3) Ratnasambhava oder Hôshô („Juwelen-Geborener"), der Tugendkraft und Freude regiert;
4) Amitabha oder Amida („Unermessliches Licht"), der über die Verkündigung der Lehre wacht und Zweifel vertreibt;
5) Amoghasiddhi oder Fukûjôju („Unfehlbare Vollendung"), d.i. Shakyamuni, der über die Verwirklichung des Nirwana herrscht.

Diese fünf sind Buddhas, die folgenden sind Bodhisattvas.[24]

6) Sattva-vajra („Diamantzepter-Wesen")
7) Ratna-vajra („Diamantzepter-Juwel")
8) Dharma-vajra („Diamantzepter-Gesetz")
9) Karma-vajra („Handlungs-Diamantzepter")
10) Vajra-sattva („Diamantzepter-Wesen)
11) Vajra-raja („Diamantzepter-König")
12) Vajra-raga („Diamantzepter-Begierde")

---

[24] Nr. 6-9 sind die „Bodhisattva der vier Arten der Erleuchtung" (*shi-haramitsu-bosatsu*). Nr. 10-25 sind die „Sechzehn großen Bodhisattva" (*jûroku-bosatsu*). Nr. 26-29 sind die „vier inneren Bodhisattva der Darreichung" (*shi-naishi-kuyô-bosatsu*), Nr. 30-33 die „vier äußeren Bodhisattva der Darreichung" (*shi-geshi-kuyô-bosatsu*). Nr. 34-37 sind die „vier Bodhisattva der Anziehung" (*shi-shô-bosatsu*).

13) Vajra-sadhu („Diamantzepter-Freude")

14) Vajra-ratna („Diamantzepter-Juwel")

15) Vajra-tejas („Diamantzepter-Licht")

16) Vajra-ketu („Diamantzepter-Banner")

17) Vajra-hasa („Diamantzepter-Lachen")

18) Vajra-dharma („Diamantzepter-Gesetz")

19) Vajra-tiksna („Diamantzepter-Spitze")

20) Vajra-hetu („Diamantzepter-Ursache")

21) Vajra-vak („Diamantzepter-Wort") [Vajra-bhasa]

22) Vajra-karma („Diamantzepter-Handeln")

23) Vajra-raksha („Diamantzepter-Schutz")

24) Vajra-yaksha („Diamantzepter-Zahn")

25) Vajra-samdhi („Diamantzepter-Faust")

26) Vajra-lasa („Diamantzepter-Sport") [Vajra-lasi]

27) Vajra-mali („Diamantzepter-Girlande")

28) Vajra-giti („Diamantzepter-Lied")

29) Vajra-nriti („Diamantzepter-Tanz")

30) Vajra-dhupa („Diamantzepter-Räucherwerk")

31) Vajra-pushpa („Diamantzepter-Blume")

32) Vajra-loka („Diamantzepter-Lampe")

33) Vajra-gandhi („Diamantzepter-Parfüm")

34) Vajrankusa („Diamantzepter-Haken")

35) Vajra-bandha („Diamantzepter-Band") [Vajra-pasa]

36) Vajra-sphota („Diamantzepter-Kette")

37) Vajra-ghanta („Diamantzepter-Glocke")

In dieser Liste werden Nr.10-25 die sechszehn Bodhisattvas der Weisheit genannt, und Nr.6-9 und 26-37 die Bodhisattvas der Meditation.

2. Die *samaya-parshad* (*sanmaya-e*) oder „Versammlung der Überein-kunft" entspricht dem *samaya-mandala*. Die Gottheiten dieser Ver-sammlung erscheinen in Form von Waffen, Handzeichen (*mudra*) etc. entsprechend ihrem ursprünglichen Gelübde (*hongan*).

3. Die *sukshma-parshad* (*misai-e*) oder „Subtile Versammlung" ent-spricht dem *dharma-mandala*. Sie verkörpert die tiefsinnigen Tugend-kräfte der Gottheiten, wie z.B. die fünf Arten der Weisheit (*gochi*).

4. Die *mahapuja-parshad* (*daikuyô-e*) oder „Große Versammlung der Gabendarbringung" entspricht dem *karma-mandala*. In dieser Ver-sammlung verehrt jede der Gottheiten Mahavairocana mit einem Edel-stein-Diadem etc.

In jeder dieser drei Versammlungen (2-4) befinden sich 73 Gotthei-ten.

5. Die *Catur-mudra-parshad* (*shiin-e*) oder „Versammlung der vier Siegel" zeigt die vier Arten von Mandala in einem Bild, in dem sich 13 Gottheiten befinden.

In den obigen fünf Versammlungen befindet sich Mahavairocana im Zentrum und zeigt damit, dass die Ursache selbst auch die Wirkung ist.

6. Die *eka-mudra-parshad* (*ichiin-e*) oder „Versammlung des einen Siegels" zeigt das eine Siegel von Mahavairocana [*chiken-in*, die „Faust der Weisheit"], und nur dieser ist als Gottheit abgebildet.

7. Die *buddhigati-parshad* (*rishu-e*) oder „Versammlung der wahren Bedeutung" zeigt 17 Gottheiten, mit Vajrasattva im Zentrum. Mahavairocana aus den vorangehenden sechs Versammlungen manifes-tiert sich in dieser Versammlung selbst als Vajrasattva zum Wohle der Wesen. Dies zeigt an, dass die Wirkung selbst auch die Ursache ist.

8. Die *trailokya-vijaya-karma-parshad* (*gôsanze-katsuma-e*) oder „Versammlung der Unterwerfung der drei Welten" zeigt 77 Gottheiten. Sie illustriert den Status des von Vajrasattva manifestierten *maha-krodha-kaya* („Körper des großen Zorns"), welcher die Feinde in den drei Welten zerstört; d.i. Begierde, Hass und Unwissenheit.

9. Die *trailokya-vijaya-samaya-parshad* (*gôsanze-sanmaya-e*) oder „Versammlung der Übereinkunft der Unterwerfung der drei Welten" zeigt 73 Gottheiten. Sie zeigt den Modus der Form des *samaya* oder der Übereinkunft von Vajrasattva, der Pfeil und Bogen trägt, um die Wesen zu warnen.

Die Abfolge dieser neun Versammlungen ist von zweierlei Art. Die oben angeführte Reihenfolge führt von der Wurzel zur Vollendung. Wenn wir davon sprechen, die Buddhaschaft zu erlangen, steht die *trailokya-vijaya-samaya-parshad* am Anfang und die *karma-parshad* am Ende. Die erste Reihenfolge führt von der Selbst-Erleuchtung zur Unterwerfung und die zweite führt von der Unterwerfung zur Selbst-Erleuchtung.

Auf diese Weise werden in der Diamant-Sphäre 437 Gottheiten gezählt. Tatsächlich jedoch werden unzählige Objekte verehrt, welche jedoch nicht alle abgebildet sind.

Es folgt die Schoß-Sphäre (*garbha-dhatu*) mit ihren 13 sogenannten „großen Feldern" (*maha-vriti*) oder Hallen:

1. Die zentrale *ashta-pattra-vriti* (*hachiyô-in*) oder „Halle der acht Blütenblätter" verkörpert *hridaya*, das „Herz" der Wesen. Wenn sie sich in die Lotosblüte ihres Herzens versenken, öffnen sich die acht Blütenblätter und es erscheinen dabei fünf Buddhas und die vier Bodhisattvas;

Mahavairocana befindet sich dabei im Zentrum. In der zentralen Halle befinden sich somit insgesamt neun Gottheiten.

2. Die *sarvajna-vriti* (*henchi-in*) oder „Halle der universellen Weisheit" zeigt 7 Gottheiten.

3. Die *Avalokitesvara-vriti* (*Kannon-in*) oder „Halle des Avalokitesvara („Betrachter der Klänge")" zeigt 37 Gottheiten.

4. Die *Vajrapani-vriti* (*Kongôshu-in*) oder „Halle des Vajrapani („Diamantzepter-Hand")" zeigt ebenfalls 37 Gottheiten.

5. Die *tejodhara-vriti* (*jimyô-in*) oder „Halle der Lichtträger" zeigt 5 Gottheiten.

6. Die *Sakya-vriti* (*Shaka-in*) oder „Halle des Shakyamuni" zeigt 39 Gottheiten.

7. Die *Manjusri-vriti* (*Monju-in*) oder „Halle des Manjusri" zeigt 35 Gottheiten.

8. Die *sarva-nivarana-vishkambhi-vriti* (*jogaishô-in*) oder „Halle der Hindernisüberwindung" zeigt 9 Gottheiten.

9. Die *Kshitigarbha-vriti* (*Jizô-in*) oder „Halle des Jizô („Erd-Speicher")" zeigt 9 Gottheiten.

10. Die *Akasagarbha-vriti* (*Kokuzô-in*) oder „Halle des Kokuzô („Raum-Speicher")" zeigt 28 Gottheiten.

11. Die *susiddhi-vriti* (*soshitsuji-in*) oder „Halle der wunderbaren Kräfte" zeigt 8 Gottheiten.

12. Die äußere *vajranubhava-vriti* (*kongôbu-in*) oder „Halle der Dia-
mantzepter-Abteilung" zeigt insgesamt 205 Gottheiten.[25]

Die Anzahl von Gottheiten in den obigen zwölf Hallen beträgt insgesamt 428. In beiden Sphären zusammen werden 865 Gottheiten abgebildet; in Wirklichkeit aber gibt es unzählige Objekte der Verehrung in
den zehn Richtungen, welche allesamt in diesen zwei Bereichen enthalten sind. Selbst wenn wir nur die Existenz eines einzigen Buddha in
unserem eigenen Körper erkennen, ist der Verdienst unermesslich. Um
wie viel mehr also, wenn unzählige Gottheiten seit jeher gleichermaßen
in den Herzen aller Wesen existieren. Dies ist das eigentliche Geheimnis.

(c) Die ungehinderte Durchdringung der sechs Elemente
Die *shan-mahabhuta* (*roku-dai*) oder „sechs großen Elemente" sind
Erde, Wasser, Feuer, Luft, Raum/Äther und Bewusstsein. Diese sechs
existieren überall, weshalb sie *mahabhuta* oder „große Elemente" genannt werden. Wenn sie den zwei Sphären zugeordnet werden, entspre-
chen die ersten fünf dem Prinzipiellen (*ri*) und der Schoß-Sphäre bzw.
taizôkai (*garbha-dhatu*); das letzte entspricht der Weisheit und der Diamant-Sphäre oder *vajra-dhatu* (*kongô-kai*). Prinzipielles und Weisheit
sind aber ursprünglich nicht voneinander getrennt, d.h. es gibt kein
Bewusstsein jenseits der restlichen fünf Elemente und umgekehrt.
Wenn daher das sechste Element, *vijnana* oder Bewusstsein, den fünf
Elementen zugeordnet wird, gibt es ebenso viele Arten von Weisheit,

---

[25] Die diesbezüglichen, nur in schlechter Qualität vorhandenen Abbildungen der
Vorlage wurden weggelassen. Das dort gezeigte Mandala besteht aus 12 Feldern, es
fehlt *shi-dai-go-in* („vier große Schutz-Felder"). [Anm. des Verlegers]

welche formal als *go-chi*, die „fünf Weisheiten", bezeichnet werden. Es handelt sich um:

1. Die *dharma-dhatu-jnana* (*hôkai-taishô-chi*) oder „Weisheit vom Wesen des Dharma-Reich-Körpers".[26] Diese entspricht dem Raum-Element; es ist die Weisheit, welche zur Substanz der Dinge wird.
2. Die *adarsana-jnana* (*daienkyô-chi*) oder „große, vollkommene, spiegelgleiche Weisheit". Sie entspricht dem Element Erde und manifestiert die Bilder aller Phänomene wie in einem Spiegel.
3. Die *samata-jnana* (*byôdôshô-chi*) oder „Weisheit der Gleichheit". Sie entspricht dem Element Feuer und trifft keine Unterscheidungen, während sie dieses oder jenes betrachtet.
4. Die *pratyavekshana-jnana* (*myôkanzatsu-chi*) oder „Weisheit der magischen Wahrnehmung". Sie entspricht dem Element Wasser und ist die Weisheit, welche die Lehre verkündet, Zweifel zerstreut und klar unterscheidet zwischen Wahr und Unwahr.
5. Die *krityanushthana-jnana* (*jôshosa-chi*) oder „Weisheit der vollendenden Wandlung". Sie entspricht dem Element Luft und ist die Weisheit, welche gutes Handeln zum eigenen Wohle und zum Wohle anderer Wesen vollendet. Die Unterscheidung zwischen diesen beiden ist aber nicht grundsätzlich.

Die ungehinderte, gegenseitige Durchdringung dieser sechs Elemente wird mit den Lichtstrahlen vieler verschiedener Lampen verglichen. Die sechs Elemente eines Buddha werden nicht von denjenigen der unerleuchteten Wesen beeinträchtigt. Aus diesem Grund gibt es kein

---

[26] Übersetzung der Bezeichnung nach Taiko Yamasaki, *Shingon – Der esoterische Buddhismus in Japan.*

Sein jenseits des Buddha und keine Buddhas außerhalb des Seins. So ist der ungehinderte Zustand der sechs Elemente.

(d) Der Yoga der Vereinigung der drei Geheimnisse (*sanmitsu-sô-ô*)
Die drei Geheimnisse sind die drei Handlungen von Körper, Rede und Geist. Diese sind grundsätzlich gleich und identisch. Der Körper ist der Rede gleich und die Rede dem Geist. Sie alle existieren überall in der *dharma-dhatu*, der Sphäre des Seins, und werden die allen Buddhas gleichen und identischen Geheimnisse genannt. Kurz gesagt ist die *dharma-dhatu* in ihrer sichtbaren Form die Erscheinung der Phänomene als die fünf Elemente; sie ist das Geheimnis der Körpers. Diese Form bzw. dieser Körper erzeugt Töne, das Geheimnis der Rede. Und diese Form hat die Kraft (*kônô*) und ist das Geheimnis des Geistes. Diese drei Geheimnisse existieren in den belebten und unbelebten Phänomenen. Wenn daher der Wind durch die Blätter eines Baumes streicht, Wellen gegen die Felsen schlagen oder ein Mensch die Hände hebt, die Füße bewegt, spricht oder schweigt, geschieht dies alles innerhalb der drei Geheimnisse. Aber dies sind nur von einem Buddha erkannte Zustände, welche von gewöhnlichen Menschen nicht erreicht werden; darum werden sie Geheimnisse genannt. Der Buddha hat die Anwendung von Gesten oder *mudra* und Formeln oder *mantra* gelehrt, um so die unwissenden Menschen mit dem Dasein eines Buddha zu vereinigen. Das ist die Bedeutung von *yoga*. Sie macht keinen Unterschied zwischen den drei „identischen" Geheimnissen eines Buddha und den drei „verschiedenen" Geheimnissen der gewöhnlichen Wesen. Die drei Geheimnisse sind von Anfang an ohne Unterscheidung, aber die unwissenden Menschen begreifen sie als voneinander verschieden. Darum fügt der Buddha seine drei Geheimnisse denen der Menschen hinzu. Diese Addition ist jedoch nicht die von zwei verschiedenen Dingen. Die Natur der Geheimnisse der Menschen ist nicht verschieden von derjenigen der Bud-

dhas; aber unwissende Menschen verstehen das nicht. Darum lehrt der Buddha sie, darüber nachzudenken und es zu begreifen. Dieses Nachdenken und Begreifen sind die Geheimnisse des Buddha, weshalb gesagt wird, dass seine drei Geheimnisse denen der Wesen hinzugefügt werden. Wenn unsere Praxis in der Nachahmung der Handlungen eines Buddha fortgeschritten ist und mit seinen drei Geheimnissen identisch wird, ist die Bedeutung von *yoga* oder Vereinigung erreicht. Es heißt: „Wenn die drei Geheimnisse vereinigt sind, wird der gegenwärtige Leib zum Buddha" (*sanmitsu sô-ô sokushin-jô*).

(e) Die Verwirklichung der Buddhaschaft in diesem Körper (*sokushin-jôbutsu*)
Es gibt drei Konzepte, mit denen dieses Thema erklärt wird, nämlich *ri-gu* („Vollendung des Prinzipiellen"), *ka-ji* („Hinzufügen und Halten") sowie *ken-toku* („offensichtlich Erlangen"). Das erste wird mit den folgenden Worten erklärt: Die wahre Gestalt von Körper und Geist aller Wesen ist das Mandala der zwei Bereiche, d.h. der Diamant- und der Schoß-Sphäre. Der fleischliche Körper ist das Prinzipielle der ersten fünf Elemente und entspricht der Schoß-Sphäre, während der Geist die Weisheit bzw. das Bewusstsein des sechsten Elements ist und der Diamant-Sphäre entspricht. Dieses Prinzipielle und diese Weisheit sind in allen Wesen von Anfang an vollkommen. Dies wird formal als *ri-gu-soku-shin-jôbutsu* bezeichnet, als „die Erlangung der Buddhaschaft in diesem Körper durch die Vollendung im Prinzipiellen".

Das zweite Konzept bedeutet, das seit jeher vollkommene Mandala durch die Kräfte des „Hinzufügens und Haltens" der drei Geheimnisse zu erschließen und zu manifestieren.

Das dritte Konzept besteht darin, den Grund des eigenen Geistes zu erreichen, das Mandala zu erlangen und den endgültigen Status vollständiger Erleuchtung zu erlangen, nachdem man die Praxis der drei Geheimnisse abgeschlossen hat.

Diese drei Arten zur Erlangung der Buddhaschaft unterscheiden sich nur in ihrer Erklärung, in Wirklichkeit sind sie identisch und nicht voneinander verschieden.

Die in einem selbst und nicht von anderen erhaltene Tugendkraft ist das Kennzeichen der ersten Beschreibung (*ri-gu*). Die unwissenden Menschen verstehen sie nicht, können sie aber durch die Kraft des „Hinzufügens und Haltens" erfahren. Das ist die zweite Beschreibung (*ka-ji*). Die dritte Beschreibung bezeichnet die Vollendung der Praxis und die Erlangung der vollständigen Erleuchtung (*ken-toku*).

Der obige Abriss ist nur ein kurzer Einblick in die Lehren dieser Schulrichtung. Wer sich eingehender damit beschäftigen möchte, muss die drei Haupt-Sutren – d.i. das *Dainichi-kyô*, das *Soshitsuji-kyô* und das *Kongôchô-kyô* – lesen sowie zahlreiche „Rituelle Anleitungen" oder *giki*. Dazu kommen noch diverse Werke von Kôbô Daishi, welcher die Shingon-Schulrichtung in Japan etabliert hat.

Kapitel 9: Die Jôdô-Schulrichtung (Reines-Land-Schulrichtung)

1. Geschichte der Schulrichtung

Der Buddhismus gelangte nach China erstmals im Jahr 67. Im Jahr 252 kam Samghavarman (Kô Sôgai), ein indischer Tripitaka-Gelehrter, nach China und übersetzte das *Größere Amitayus-sutra* (*Muryôju-kyô*) bzw. *Längere Sukhavati-vyûha-Sutra* in zwei Bänden (Nr. 27). Dabei handelt es sich um den ersten und längsten der drei zentralen Texte dieser Schulrichtung. Das Sutra erzählt die Geschichte des Tathagata Amitabha und seinen ersten spirituellen Impulsen, welche ihn viele Zeitalter später zur Erlangung der Buddhaschaft führen sollten, bis hin zur gegenwärtigen Zeit, in der er im westlichen Paradies namens Sukhavati (Gokuraku) residiert, wo er alle Wesen aus allen Richtungen empfängt und ihnen hilft, sich von der Unwissenheit abzuwenden und zur Erleuchtung zu gelangen.

Im Jahr 400 kam Kumarajiva (Rajû) aus dem Königreich Kharachar (Kiji) nach China und fertigte eine Übersetzung des *Kleineren Amitayus-sutra* (*Amida-kyô*) bzw. *Kürzeren Sukhavati-vyuha-Sutra* (Nr. 200) in einem Band an. Dies ist der kürzeste der drei kanonischen Texte. Es heißt in diesem Sutra, dass wenn man den Namen von Buddha Amitabha für sieben oder auch nur für einen Tag im Gedächtnis bewahrt, der Buddha und die Bodhisattvas zum Zeitpunkt des Todes erscheinen, um einen zu einer Hinübergeburt ins Reine Land Sukhavati zu verhelfen, und dass dieses Unterfangen von allen anderen Buddhas in den zehn Richtungen gutgeheißen wird.

Im Jahr 424 kam Kalayasas (Kyôryôyasha) aus Indien nach China und übersetzte das *Amitayus-dhyana-sutra* (*Kanmuryôju-kyô*) in einem Band (Nr. 198). Dies ist die zweitlängste der drei kanonischen Schriften. Hier ein kurzer Abriss des Inhalts: Vaidehi, Gemahlin von König Bimbisara, erkannte die bösen Taten ihres Sohnes Ajatasatru und wurde dieser Welt überdrüssig. Daraufhin unterwies Shakyamuni sie in der Methode, wie sie zu einer Hinübergeburt im Reinen Land Sukhavati gelangen könne, und führte dabei drei Arten von guten Taten an. Die erste Gruppe ist weltliche Gutheit, welche allgemeine gute Taten einschließt wie kindliche Pietät, Respekt vor den Älteren, Loyalität, Vertrauen etc. Die zweite Gruppe ist die Gutheit der Sittlichkeit oder *sila*, bei der Unterschiede zwischen Ordinierten und Laien existieren. Kurz gesagt gibt es hierbei nichts, was gegen das allgemeine Prinzip des Tadelns von Schlechtem und Ermahnen zum Guten verstößt. Die dritte Gruppe ist die Gutheit der Praxis, welche die vier Wahrheiten oder *satya* und die sechs Vollkommenheiten oder *paramita* umfasst. Darüber hinaus gehören hierzu alle anderen reinen und guten Taten wie das Lesen und Rezitieren der Mahayana-Schriften, andere dazu zu bringen, sich mit der Lehre zu beschäftigen, oder dreizehn festgelegte, heilsame geistige Absichten. Gegen Ende des Sutras heißt es: „Möge niemandes Stimme versiegen, sondern den Gedanken zehnmal vollenden und wiederholen: *namo'mitabhaya buddhaya* (*namu amida butsu*), Verehrung dem Buddha Amitabha." Diese Praxis ist die vollkommenste von allen.

Der Buddha lehrte uns die Wahrheit bezüglich Ursachen und Wirkungen vom Standpunkt seiner Weisheit und seines Verstehens. Schlechte Samen erzeugen schlechte Früchte und gute Samen erzeugen gute Früchte, so wie roter Pfeffer scharf und Zuckerrohr süß sind, entsprechend ihren Anlagen. Das ist völlig normal, niemand bezweifelt es. Darum hat das Sutra völlig Recht, wenn es sagt, dass die rechte Ursache der drei Arten des Guten zu den rechten Früchten von neun verschiedenen Stufen im Reinen Land Sukhavati führt.

Beruhend auf den drei oben erwähnten Sutras gab es in Indien drei Patriarchen, welche die Lehren vom Reinen Land verkündet haben. Diese waren Asvaghosha (Memyô), Nagarjuna (Ryûju) und

Vasubandhu (Seshin), welche sechs, sieben bzw. neunhundert Jahre nach dem Buddha in Indien geboren wurden.

In China wurde die Lehre v.a. von E-on (gest. 416), Donran (gest. 542) sowie Dôshaku und Zendô (beide lebten etwa zwischen 600 und 650) verkündet.

V.a. Zendô verwandte seine ganze Kraft für das *Kanmuryôju-kyô* und schrieb einen Kommentar dazu in vier Bänden. Er verstand die Gedanken des Buddha tiefgründig und erklärte den Text klar und deutlich. Dadurch übertraf er tatsächlich seine Vorgänger wie Jôyô, Tendai, Kajô und andere. Er sagte zu sich selbst, dass er eine Regel für alle folgenden Zeiten festlegen wolle. Dies war in keiner Weise eine Übertreibung.

Später ging Hosshô zum Berg Godai, wo er Manjusri verehrte und ein Konvolut von Versen schrieb, welche zusammen als *Go-e-san*, d.h. „Verse für fünf Versammlungen", bezeichnet werden. Ein anderer Lehrer namens Shôkô soll in den von Zendô im Hakuba-ji oder „Tempel des weißen Pferdes" hinterlassenen Büchern ein Licht erstrahlen gesehen haben. All dies waren Wohltaten, die von Zendô nach seinem Tod hinterlassen wurden. Zu seinen Lebzeiten war die Wirkung seiner Lehre so groß, dass zahlreiche Menschen davon Abstand nahmen, Fleisch oder Fisch zu essen und der Fleischmarkt der Hauptstadt große Umsatzeinbußen erfuhr. Das sind die Gründe, warum er als der größte Meister dieser Lehre in China gilt.

Etwa fünfhundert Jahre nach Zendô, im Jahr 1133, wurde in der Uruma-Familie in der Provinz Mimasaka in Japan ein Junge geboren. Der Name des Jungen war Seishimaru. Im Alter von neun Jahren bekehrte er sich aufgrund der Sterbeworte seines Vaters [zum Buddhismus], im Alter von Vierzehn begab er sich zum Hiei-Berg, schor sein Haupt und empfing die Ordensgelübde. Damit änderte sich sein Name zu Genkû. Im Alter von 18 Jahren zog er sich nach Kurodani zurück und las sich fünfmal durch die fünftausend Seiten des Tripitaka. Er tat dies, um einen Weg zu finden, der es den unwissenden und gewöhnlichen Menschen seiner Zeit ermöglichen könne, dem Leiden zu entkommen. Als er die Gelegenheit dazu bekam, studierte er auch den bereits erwähnten Kommentar von Zendô. Er wiederholte seine Untersuchungen insgesamt achtmal. Beim letzten Mal stieß er auf eine Passage, welche mit den Worten begann: „An erster Stelle wiederholt und erinnert euch an den Namen von Amitabha, mit ganzem und ungeteiltem Herzen" (*isshin sennen amida myô gô*). In diesem Moment verstand er die Idee von Zendô, der in seinem Werk lehrte, dass jeder, der ständig die Erinnerung an den Buddha ausübt oder seinen Namen anruft, nach seinem Tod das Ergebnis der Hinübergeburt im Reinen Land erlangt. Genkû gab dann alle anderen Praktiken auf, denen er jahrelang gefolgt war, und begann, den Namen von Amitabha 60.000 Mal am Tag zu wiederholen. Dies ereignete sich im Jahr 1175, als Genkû 43 Jahre alt war. Die Bezeichnung Jôdo-shû oder Schulrichtung des Reinen Landes wurde damit erstmals in Japan bekannt. Dieses Ereignis ist im *Chokushuden* berichtet, der Überlieferung vom Leben Genkûs, welches infolge kaiserlichen Auftrags erstellt wurde, sowie im *Senjakushû*, einer Schrift von Genkû selbst.

Genkû war zu seinen Lebzeiten eine große Berühmtheit. Er wurde der geistige Lehrer der drei Kaiser Takakura, Go Shirakawa und Go Toba. Nach seinem Tod wurde auf kaiserlichen Auftrag hin seine Biographie in 84 Bänden erstellt. Sie wurde von drei weiteren Kaisern, Fushimi, Go Fushimi und Go Nijô, kopiert.

Auch vor Genkû gab es in Japan bedeutende Priester wie Kûya, Eikan und Eshin (der ebenfalls Genkû genannt wurde), welche die Lehre vom Reinen Land verkündeten; aber sie hatten keine Nachfolger. Genkû hingegen hatte Hunderte von Schülern. Darunter waren Shôkô aus

Chinzei und Zenne aus Seizan die führenden. Gegenwärtig gibt es Tausende von Klöstern und Ordinierten innerhalb dieser Schulrichtung.

2. Die Lehren der Schulrichtung

Dôshaku sagt in seinem Werk *Anrakushû*, dass es in den Lehren von Shakyamuni zwei Abteilungen gibt. nämlich das Mahayana (Daijô) und das Hinayana (Shôjô). Im Mahayana gibt es wiederum zwei Tore, den Pfad der Heiligkeit (*shô-dô*) und das Reine Land (*jôdo*). Das Hinayana ist die Lehre, mittels welcher die unmittelbaren Schüler des Buddha und diejenigen der ersten fünfhundert Jahre nach ihm die drei *siksha* (*sangaku*) oder die Schulung in höherer Sittlichkeit bzw. *adhisila* (*kai*), höherer Meditation bzw. *adhicitta* (*jô*) und höherem Lernen bzw. *adhiprajna* (*e*) ausübten und so im gegenwärtigen Dasein die vier Früchte der Heiligkeit erlangen konnten, die des Stromeintritts (*srotapanna*), der Einmal-Wiederkehr (*sakridagamin*), der Nie-Wiederkehr (*anagamin*) und der Heiligkeit (*arhat*). Das Tor des Mahayana ist ebenfalls eine Lehre, in der diese drei Übungen praktiziert werden – im gegenwärtigen Dasein versteht man so die drei Qualitäten des *dharma-kaya* (*hosshin*) oder „Geist-Körpers", der *prajna* (*hannya*) oder „Weisheit" und von *moksha* (*gedatsu*) oder „Erlösung". Wer dies verwirklicht, ist aber kein gewöhnlicher Mensch, sondern verfügt über Verdienste von guten Taten, die er in früheren Existenzformen begangen hat. Die Entschlossenheit des Geistes eines solchen Menschen ist hart wie ein Fels und seine Furchtlosigkeit gegenüber allen Hindernissen ist die eines tapferen Soldaten, der die Feinde zurückschlägt. Die Lehre, welchen einen Menschen zu solchem Tun veranlasst, wird als Tor des Pfades der Heiligkeit bezeichnet; der Mensch ist einer, der in den Zustand der Heiligkeit in dieser Welt eintritt. Während der 1500 Jahre nach dem Buddha gab es immer wieder solche Personen. Der blühende Zustand des Buddhismus und das Leben solch herausragender

Mönche sind in den zahlreichen Kompilationen ihrer Memoiren einsehbar.

Jetzt, da wir uns in der Endzeit der Lehre befinden (*mappô*), werden die Menschen unaufrichtig, ihr Verlangen und ihr Ärger wachsen und nehmen täglich zu und es kommt von Jahr zu Jahr zu mehr Streitigkeiten. Die drei oben angesprochenen Schulungen sind die rechte Ursache der Erlösung; aber wenn die Menschen sie als so unnütz ansehen wie einen Almanach des vergangenen Jahres, wie können sie dann ihre Erlösung erreichen? Genkû, der sich hierüber umfassend Gedanken machte, schloss das Tor zum Pfad der Heiligkeit und öffnete dasjenige zum Reinen Land. Beim ersten Pfad wird die Erlangung der Befreiung in dieser Welt durch die Praxis der dreifachen Schulung von Sittlichkeit, Meditation und Lernen angestrebt; beim zweiten Pfad erzielt man die große Frucht der Hinübergeburt ins Reine Land allein durch die Praxis der Anrufung des Buddha-Namens. Hinzu kommt, dass es alles andere als einfach ist, Ursache und Wirkung auf dem Pfad der Heiligkeit zu komplettieren. Aber auf dem Pfad des Reinen Landes sind sie sehr leicht zu vervollständigen. Diesen Unterschied vergleicht Ryûju in seinen Schriften mit dem Reisen auf Land und dem Reisen zu Wasser. Beide Tore der Heiligkeit und des Reinen Landes gehören dem Mahayana an und beide haben die Erlangung der Buddhaschaft zum Inhalt. Aber da die Zeit und die Menschen der beiden Tore sich unterscheiden, sind auch ihre Lehren unterschiedlich – so wie man auf dem Land mit einem Wagen reist, während man auf dem Wasser ein Boot benutzt.

Die von Shakyamuni verkündeten Lehren belaufen sich insgesamt auf 84.000; er lehrte eine Gruppe von Menschen Lehren wie den Pfad der Heiligkeit, andere das Reine Land. Die Lehren des Reinen Landes werden nicht nur von Genkû, sondern auch von Zendô in seinen Schriften dargestellt. Und diese wurden wiederum nicht nur von Zendô dargelegt, sondern gehen auf die von dem großen Lehrer Shakyamuni verkündeten Sutras zurück. Es heißt, dass während Zendô seinen Kommentar verfasste, er um eine wunderbare Vorführung übernatürlicher Kräfte gebeten habe. Daraufhin erschien ihm jede Nacht im Traum ein würdevoller Mönch, der ihn über die Einteilung des ersten Bandes seines Werkes belehrte. Darum behandelt Zendô sein eigenes Werk so, als ob es eine Schrift des Buddha wäre; er sagt, dass niemand dazu berechtigt sei, auch nur einen Satz oder ein einziges Wort hinzuzufügen oder wegzunehmen. Das ist der Grund, warum Genkû die Sutras und Zendôs Kommentar in seinem eigenen Werk, dem *Senjakushû*, behandelt.

Wer die Lehre des Reinen Landes verstehen will, muss an die Worte des Buddha glauben. Shakyamuni ist der Weise, der die drei Zeiten von Vergangenheit, Gegenwart und Zukunft durchschaut hat, welche nichts anderes als Gestern, Heute und Morgen sind. Unter den indischen Ketzern gab es einige, welche von der Zukunft gesprochen haben, aber ihre Berichte waren nicht zutreffend; doch es gab niemanden, der von der Vergangenheit gesprochen hat. Die modernen Menschen hingegen sprechen nur von der Gegenwart und wissen nichts über die Vergangenheit und die Zukunft. Nur der Buddha kennt fehlerfrei alle drei Zeiten.

Das Reine Land ist die westliche Welt, in welcher der Buddha Amitabha residiert. Sie ist völlig rein und frei von Fehlern. Diejenigen, welche sich dorthin begeben wollen, werden auf jeden Fall dort geboren, die anderen nicht. Im Gegensatz dazu ist diese Welt Saha (Shaba), die Wirkung der Handlungen aller Wesen, so dass selbst diejenigen, welche nicht hier (wieder)geboren werden wollen, dem nicht entgehen können. Diese Welt wird „Pfad des Leidens" genannt, da sie voll ist von allerlei Arten von Schmerz wie Geburt, Alter, Krankheit, Tod usw. Es ist darum eine Welt, an der man nicht anhaften sollte, sondern von

der man sich abwenden und trennen sollte. Wer von dieser Welt abge-
stoßen ist und sich nach der Welt Sukhavati sehnt, wird dort wiederge-
boren werden. Nicht den geringsten Zweifel an dieser Verheißung des
Buddha zu haben, wird tiefer Glaube genannt; wer aber Zweifel hat,
wird nicht dorthin geboren werden. Darum hat Ryûju gesagt: „Vertrau-
en ist das einzige Mittel, das große Meer der Lehren Buddhas zu erreichen." Das war ein Abriss der Lehren dieser Schulrichtung.

Kapitel 10: Die Zen-Schulrichtung

1. Eine Lehre der Schulrichtung

Der Ausdruck *zen* ist eine Abkürzung von *zen-na*, einer Transkription des Sanskrit-Begriffs *dhyana* oder Meditation [chinesisch *chan* bzw. *channa*].

Der allgemeine Charakter der Lehren dieser Schulrichtung lässt sich prägnant anhand von acht chinesischen Zeichen ausdrücken, *kyô-ge betsu-den fu-ryû mon-ji* oder „eine besondere Übertragung außerhalb der orthodoxen Lehre und Unabhängigkeit von den Schriften". Damit ist gemeint, dass es neben all den Lehren des Hinayana und Mahayana, den offenbaren sowie den verborgenen Lehren, eine separate Übertragungslinie geheimer Lehren gibt, welche nicht mit Worten ausdrückbar ist. Diesen Lehren zufolge gilt es, unmittelbar und im eigenen Geist den Zugang zum Geist des Buddha bzw. zur Buddha-Natur zu erlangen, frei von der Vielzahl der unterschiedlichen Lehren, deren Anzahl sich insgesamt auf 84.000 belaufen soll. Kurz gesagt handelt es sich um die im eigenen Geist erkannte Wahrheit.

2. Eine Geschichte der Schulrichtung

(a) Die Übertragung der Lehre
Als der Bhagavat (Seson, der „Erhabene") Shakyamuni sich bei der Versammlung auf dem Berg Gridhrakuta (Ryôzen) oder „Geiergipfel" befand, trat der Himmelskönig Mahabrahman (Daibon) an den Buddha heran, bot ihm eine goldfarbene Blume dar und bat ihn, die Lehre zu verkünden. Der Erhabene-Eine nahm daraufhin die Blume und hielt sie in der Hand, sagte aber kein Wort. Keiner unter den Anwesenden verstand, was das zu bedeuten hatte, nur der ehrwürdige Mahakasyapa lächelte. Daraufhin sprach der Erhabene-Eine zu ihm: „Ich besitze den

wunderbaren Geist des Nirwana (Nehan), das Auge des wahren Gesetzes, welches ich dir nun überreiche." (Siehe das *Daibon-tennô-mon-
butsu-ketsugi-kyô*, das „Sutra des großen Brahma-Königs, wie er den
Buddha fragt, um seinen Zweifel zu zerstreuen") Dies wird die Lehre
der „Übertragung von Geist zu Geist" (*ishin-denshin*) genannt.

Kasyapa gab sie an Ananda weiter, der sie seinerseits Sanavasa ver-
machte, und so weiter bis hin zu Bodhidharma, dem 28. Patriarchen. Es
folgt eine Liste dieser Patriarchen:

1. Mahakasyapa (Maka-kashô)
2. Ananda (Ananda)
3. Sanavasa (Shônan-washu)
4. Upagupta (Ubakikuta)
5. Dhritaka (Daitaka)
6. Micchaka (Mishaka)
7. Vasumitra (Bashumitsu)
8. Buddhanandi (Butsudanandai)
9. Buddhamitra (Fudamita)
10. Parsva (Harishuba)
11. Punyayasas (Funayasha)
12. Asvaghosha (Anabotei)
13. Kapimala (Kabimora)
14. Nagarjuna (Nagya-arajuna)
15. Kanadeva (Kanadaiba)
16. Rahulata (Ragorat)
17. Samghanandi (Sôgyanandai)
18. Samghayasas (Kayashata)
19. Kumarata (Kumorata)
20. Sayata (Shayata)
21. Vasubandhu (Bashuhandzu)

22. Manura (Madora)
23. Haklenayasas (Kakurokuna)
24. Simha (Shidai)
25. Vasasuta (Bashashita)
26. Punyamitra (Funyomitta)
27. Prajnatara (Hannyatara)
28. Bodhidharma (Bodai-daruma)

Bodhidharma war der dritte Sohn eines Königs der Kashi in Südindien. Als er erkannte, dass für ihn die Zeit gekommen war, seine Lehre der Meditation im Osten zu verkünden, reiste er im ersten Jahr der Futsû-Periode, d.i. 520, nach China. Bodhidharma unterrichtete den Kaiser, der aber nicht in der Lage war, den geheimen Schlüssel zum Geist des Buddha zu verstehen. Also ging er weiter, passierte den Yôshi-Fluss und betrat das Gebiet der nördlichen Gi. Im Shorin-Kloster auf dem Berg Sû setzte er sich für neun Jahre mit gekreuzten Beinen zur Meditation nieder, mit dem Gesicht zu einer Wand. Während dieser Zeit wussten die Menschen noch nicht, wer er war, sondern nannten ihn einfach den „an die Wand starrenden Brahmana".

Er hatte später eine Vielzahl von Schülern mit unterschiedlichen Ansichten, von denen man sagt, dass sie die Übertragung der Haut, des Fleischs oder der Knochen ihres Lehrers erhalten haben. Nur einer von ihnen mit dem Namen Eka hat den ganzen Körper seiner Lehre erhalten. Der fünfte Patriarch nach Bodhidharma war Kônin. Unter seinen Schülern waren zwei besonders herausragend, nämlich Enô und Jinshû. Letzterer verkündete die Lehren seinen Anhängern im nördlichen Teil von China und begründete so die nördliche Schulrichtung. Enô lehrte im südlichen Teil von China und begründete die südliche Schulrichtung, welche sich bald in die fünf Zweige Rinzai, Gigô, Sôtô, Unmon und Hôgen aufteilte. Im ersten Zweig, der Rinzai-Richtung, gab es die zwei Unterströmungen Yôgi und Oryû. Alle zusammen werden als die „fünf Häuser und sieben Schulen" der südlichen Richtung bezeichnet. In der nördlichen Schulrichtung gab es keine Unterteilungen. Was die Verbreitung der Lehre in Japan betrifft, so gelangte Dôsen, ein Schüler eines Schülers von Jinshû, im Jahr 729 nach Japan. Er lebte im Daian-ji und gab die Lehren der nördlichen Schulrichtung an Gyôhyô weiter, der sie seinerseits an Saichô weitergab, den Begründer der Tendai-Schulrichtung.

Die südliche Richtung der Meditations-Schule wurde erstmals durch Eisai vom Kennin-Tempel nach Japan gebracht. Er reiste 1168 nach China und wurde ein Schüler von Kyoan im Mannen-Tempel. Durch ihn wurde die Rinzai-Schulrichtung erstmals im japanischen Reich etabliert. Danach gab es zahlreiche Nachfolger. Shôichi vom Tôfuku-Tempel und Butkô vom Engaku-Tempel waren beide Schüler der neunten Generation nach Yôgi. Shôichi hatte einen Schüler namens Daimyô, welcher den Nanzen-Tempel errichten ließ. Musô vom Tenryû-Tempel wurde von einem Schüler Butkôs unterrichtet. Daikaku vom Kenchô-Tempel war ein Schüler in der zehnten Generation nach Yôgi und Daitô vom Daitoku-Tempel in der elften Generation. Letzterer hatte einen aktiven Schüler namens Kanzan, der den Myôshin-Tempel begründete. Der Kennin-ji, Tôfuku-ji, Engaku-ji, Nanzen-ji, Tenryû-ji, Kenchô-ji, Daitoku-ji, Myôshin-ji und Sôkoku-ji werden gemeinsam als die neun Haupttempel der Rinzai-Schulrichtung bezeichnet.

Die Sôtô-Schulrichtung wurde in Japan durch Dôgen vom Eihei-Tempel begründet, der im Jahr 1223 nach China reiste und ein Schüler von Nyojô aus Tendô wurde. Bei seiner Rückkehr nach Japan wurde er vom Kaiser Go-Saga geehrt, erhielt eine purpurne Robe und den Titel Buppô Zenji, „Lehrer der Meditation nach dem Gesetz des Buddha". Shôkin vom Sôji-Tempel war ein Schüler der vierten Generation nach

Dôgen. Der Kaiser Go-Daigo gab ihm eine purpurne Robe und bestimmte sein Kloster als das Hauptkloster der Schulrichtung. Der Kaiser Go-Murakami verlieh ihm posthum den Ehrentitel Butsuji Zenji. Der Eihei-ji und der Sôji-ji sind die beiden Haupttempel der Sôtô-Schulrichtung in Japan.

Später, während der Herrschaft von Kaiser Go-Kômyô in den Jahren 1644-1654, kam ein chinesischer Mönche namens Ingen nach Japan. Er war ein Schüler in der Nachfolge der Oryû-Schulrichtung, einer Zweigschule der Rinzai-Schulrichtung, und begründete die Ôbaku-Schulrichtung in Japan. Rinzai, Sôtô und Ôbaku sind die drei japanischen Ausprägungen der Meditationsschule des Buddhismus.

(b) Die Ursprünge der nördlichen und südlichen Schulrichtung
Wie bereits erwähnt gab es in China lange Zeit zwei Richtungen der Meditationsschule, d.i. die nördliche und die südliche Richtung. Diese Unterscheidung erfolgte zwischen den beiden Ehrwürdigen Enô und Jinshû, beides Schüler von Kônin, dem fünften Patriarchen. Bei einer Gelegenheit sagte der Lehrer seinen Schülern, dass die Lehre des Buddha schwer zu verstehen sei und dass sie sich nicht nur auf die Worte ihres Lehrers, sondern auch auf ihre eigenen Erfahrungen verlassen sollten. Damit wurden sie aufgefordert, einige Verse zu komponieren, welche ihre eigenen Ansichten ausdrückten – mit der Auflage, dass derjenige, dessen Verse den Sinn erfassten, den Mantel und die Bettelschale von Shakyamuni erhalten sollte, welche von den indischen und chinesischen Patriarchen als Zeichen der Nachfolge aufbewahrt wurden. Der ehrwürdige Jinshû, Oberhaupt von 700 Schülern, verfasste die folgenden Verse:

„Der Körper ist wie der Bodhi-Baum und der Geist wie ein Spiegel daran. Er sollte beständig und sorgfältig gereinigt werden, damit sich kein Staub darauf absetzt."

Sein Lehrer las es und sagte: „Wenn zukünftig Menschen dieser Sichtweise folgend praktizieren, werden sie eine ausgezeichnete Vergeltung erfahren." Dies ist der Ursprung der nördlichen Schulrichtung.

Der ehrwürdige Enô war zu dieser Zeit nur ein Diener mit der Aufgabe, Reis in einem Mörser zu säubern, von dem das Pistill mit dem Fuß bewegt wurde. Als er insgeheim die Verse von Jinshû vernahm, merkte er an, dass sie zwar sehr schön, aber nicht vollkommen seien. Dabei schrieb er folgende Verse nieder [sic!]:

„So etwas wie einen Bodhi-Baum gibt es nicht, und auch keinen Spiegel, der daran hängt. Nichts gibt es, was echte Existenz besitzt; wie könnte sich also Staub ansammeln?"

Als der Meister Kônin diese Verse sah, gab er Enô unmittelbar den Mantel und die Schale, die Symbole der Lehrübertragung. Dies ist der Ursprung der südlichen Schulrichtung. Die Lehre dieser Schulrichtung ist äußerst tiefsinnig und wird von Geist zu Geist übertragen, vollkommen unabhängig von Worten und Schriften. Später wird sie als Patriarchen-Meditation (Soshi-zen) bezeichnet, da sie den Geist des indischen Patriarchen Bodhidharma enthält. Es ist jedoch verkehrt, die Lehre der nördlichen Schulrichtung als Tathagatha-Zen (Nyorai-zen) zu bezeichnen, wie es einige tun.

Somit gab es in China also die Unterteilung in eine nördliche und eine südliche Richtung der Lehre, und letztere war noch einmal unterschieden in die fünf Häuser und sieben Schulen. Drei Schulrichtungen der südlichen Lehre bestehen derzeit in Japan. Aber sie alle sind Abkömmlinge von Bodhidharma, und das Prinzip ihrer Lehre besteht darin aufzuzeigen, was im eigenen Geist erscheint. Wenn man die wahre Bedeutung der Lehre verstehen will, muss man sie unter der Anleitung eines echten Lehrers studieren. Es gibt zahlreiche Schriften, welche die Unterweisungen von Lehrern verschiedener Schulrichtungen enthalten. Sie werden *Gokuroku* oder „Aufzeichnungen des Gesagten" genannt und können hilfreich für das Verständnis der Lehren dieser Schulrichtung sein.

Kapitel 11: Die Shin-Schulrichtung

1. Geschichte der Schulrichtung

Der vollständige Name dieser Schulrichtung lautet Jôdo-shin-shû, die „Wahre Schulrichtung des Reinen Landes". Der Ausdruck „Reines Land" ist ein Gegenbegriff zum Ausdruck Shôdô oder „Pfad der Heiligkeit". Das Anliegen der Anhänger dieser Schulrichtung ist es, im Reinen Land Sukhavati des Amitabha geboren zu werden. Das dritte Wort, *shin* bzw. „wahr", wird gebraucht, um den Gegensatz zu *gonke-hôben*, d.h. „provisorische Mittel", aufzuzeigen. Unter den Anhängern der Lehren des Reinen Landes gibt es viele unterschiedliche Systeme, und zwar wie folgt: Einige sagen, dass wir allerlei gute Handlungen begehen sollten, damit Ansammlung von Verdienst vervollständigen und dann im Reinen Land geboren werden. Andere sagen, dass wir ausschließlich den Namen von Amitabha Buddha rezitieren müssen, um aufgrund des daraus erwachsenden Verdienstes in seinem Reinen Land geboren zu werden. Diese beiden Lehren werden jedoch als provisorische Mittel angesehen. Sich mit ganzem Herzen auf das ursprüngliche Gelübde des Buddha Amitabha zu verlassen und alle Ideen hinsichtlich einer Erlösung durch eigene Kraft (*ji-riki*) aufzugeben, ist die einzige Wahrheit. Das ist die Lehre dieser Schulrichtung, welche darum Shin-shû bzw. „Wahre Schulrichtung" genannt wird.

Shinran, der Gründer dieser Schulrichtung, macht in seinen Schriften eine klare Unterscheidung von vier Systemen anhand der Begrifflichkeiten „zwei Paare" und „vier Lagen" oder Schichten (*ni-sô shi-jû*). Es handelt sich um: 1. Das „horizontale Ausgehen" (*shu-shutsu*), d.h. die Erlangung der Erleuchtung nach langer Übung und Beharrlichkeit, über viele Zeitalter bzw. *kalpa* hinweg, auf die Weise eines Heiligen; 2. Das „horizontale Überqueren" (*shu-chô*), das sich auf die Erleuchtung in diesem Leben bezieht, oder auf die Verwirklichung der Buddhaschaft in der gegenwärtigen Existenz; 3. Das „vertikale Ausgehen" (ô-shutsu), d.h. die Erlangung der Geburt in einer Sphäre, wo der Zustand der Wesen wie derjenigen im Mutterschoß ist, und in einem angrenzenden Gebiet, das an das Reine Land grenzt. Die Unvollkommenheit dieser Geburt ist das Ergebnis von Achtlosigkeit und Zweifel. 4. Das „vertikale Überqueren" (ô-chô), d.h. die Geburt im Wahren Land von Buddha Amitabha gemäß seinem ursprünglichen Gelübde.[27] Von diesen vier Systemen entspricht die Lehre der Shin-Schulrichtung dem vierten.

Es gibt drei Haupttexte dieser Schulrichtung, welche allesamt die Lehren Shakyamunis bezüglich der Geburt in Sukhavati enthalten. Es handelt sich dabei um die gleichen Schriften, welche im Kapitel 9 zur Jôdo-Schulrichtung erwähnt wurden. Das Daimuyôju-kyô bzw. „Größeres Sukhavativyuha-Sutra" (Nr. 27), der längste der drei Texte, nimmt eine besondere Stellung ein. Das hat seinen Grund darin, dass hier die 48 Gelübde des Amitabha aufgezeichnet sind, von welchen das achtzehnte die Grundlage für das „vertikale Überqueren" darstellt.

Diese Lehre wurde mehrmals und an verschiedenen Orten von den so genannten „sieben hohen Mönchen" (shichi-kô-sô) übertragen, welche die Patriarchen der drei Länder Indien, China und Japan darstellen. Es handelt sich um die beiden Bodhisattvas Nagarjuna (Ryûju) und Vasubandhu (Tenjin) aus Indien, Donran (Tanluan), Dôshaku (Daochuo) und Zendô (Shandao) aus China, sowie Genshin und Genkû aus Japan. Ihre Werke sind äußert genau, was die Auslegung der Lehre betrifft, weshalb ihre Verfasser als Patriarchen gewürdigt werden. Der siebte Patriarch Genkû, der auch Hônen genannt wird, war der Lehrer von Shinran, dem Gründer der Shin-Schulrichtung.

---

[27] [Fußnote im Original] Siehe Fußnote Nr. 6 in der Übersetzung des Shinshû-kyô-shi von James Troup.

Shinran war ein Spross der Fujiwara-Familie und lebte von 1173 bis 1262. Er war ein Nachkomme von Uchimaro und Sohn von Arinori, einem Palast-Beamten der Kaiserin Dowager. Als Junge begab er sich zum Berg Hiei und studierte die Lehren der Tendai-Schulrichtung. Im Alter von 29 Jahren wurde er ein Schüler von Hônen, von dem er die Lehren in der Tradition des Reinen Landes empfing. Obwohl er viele Mitschüler hatte, wurde er von seinem Lehrer besonders geschätzt. Später verfasste er ein Werk mit dem Titel *Kyôgyôshinshômonrui*, d.i. „Sammlung von Maximen die Lehre, Praxis, Glauben und Erleuchtung betreffend". In diesem Werk wies er die große Bedeutung der Lehre seines Meisters auf; darum ist es das grundlegende Werk dieser Schulrichtung.

2. Die Lehren der Schulrichtung

Wie bereits festgestellt, ist die Grundlage dieser Schulrichtung das Ursprüngliche Gelübde des Buddha Amitabha. Darum sind Glaube und Praxis gänzlich darauf ausgerichtet, der „Fremd-Kraft des Ursprünglichen Gelübdes" (*hongan-tariki*) zu folgen, um so eine Geburt im Reinen Land dieses Buddha zu erlangen. Das Ursprüngliche Gelübde ist das 18. seiner 48 Gelübde und lautet wie folgt: „Wenn irgend ein lebendes Wesen in den zehn Richtungen, welches mit aufrichtigem Geist an mich geglaubt und den Wunsch entwickelt hat, in meinen Reinen Land geboren zu werden und auch nur zehnmal meinen Namen angerufen hat, nicht dorthin gelangen sollte, dann werde ich nicht die vollkommene Erleuchtung erreichen."

Dieses Gelübde entsprang seinem großen mitfühlendem Geist und dem Wunsch, die Wesen vom Leiden zu befreien. Auf der Grundlage dieses Gelübdes praktizierte er viele Zeitalter lang gute Taten, um so seine Ansammlung von Verdienst zur Reife zu bringen, zum Wohle aller Wesen. All seine Gedanken, Worte und Taten waren allezeit rein und wahr, so dass er seinen großen, mitfühlenden Wunsch erfüllen konnte. Dies wird auch die große und umfassende Weisheit des Buddha genannt. Dieses Gelübde und seine Taten übertreffen die aller anderen Buddhas. Der Zustand eines Buddha, der die Frucht einer solchen Ursache ist, wird Amida oder Amitabha genannt, d.h. „Unermessliches Licht" bzw. „Unermessliches Leben". Er steht auch für die Unbegrenztheit von Weisheit und Mitgefühl. Darum kann er die gläubigen Wesen innerhalb seines eigenen Lichtes ergreifen und sie zu einer Geburt in seinem Reinen Land führen. Das ist mit „Fremd-Kraft des Ursprünglichen Gelübdes" gemeint.

Der Glaube der Schulrichtung wird erklärt als der vertrauensvolle Geist, welcher dem Ursprünglichen Gelübde folgt und der Weisheit des Buddha entspricht. Er ist identisch mit dem dreifachen Glauben, wie er im Ursprünglichen Gelübde angeführt wird, nämlich: 1. der aufrichtige Geist, 2. der Glaube bzw. das Vertrauen, 3. der Wunsch im Reinen Land geboren zu werden. Obwohl sie als drei gezählt werden, sind sie im Grunde doch ein einziger, welcher als „gläubiger Geist" oder „einsgerichteter Geist" (*isshin*) bezeichnet wird. Wenn wir unser eigenes Herz erkunden, ist dieses weit davon entfernt, rein und lauter zu sein, sondern vielmehr schlecht, jämmerlich, unaufrichtig und heuchlerisch. Wie könnten wir aus eigener Kraft all unsere Leidenschaften loswerden und das Nirwana erreichen! Indem wir so die Unzulänglichkeit unserer eigenen Stärke erkennen, sollten wir uns ganz auf die stellvertretende Macht des Ursprünglichen Gelübdes verlassen. Wenn wir so handeln, sind wir im Einklang mit der Weisheit des Buddha und haben Anteil an seinem großen Mitgefühl, so wie Flusswasser unmittelbar zu Salzwasser wird, wenn es ins Meer fließt. Aus diesem Grund wird von der „Fremd-Kraft" (*ta-riki*) gesprochen.

Wenn wir in solch einem Glauben verweilen, folgen die entsprechenden Handlungen wie von selbst, da wir uns der Gunst des Buddha dankbar zeigen wollen, uns an seine Gnade erinnern und seinen Namen rezitieren. Das ist die „sogar nur zehnmal ausgeübte Rezitation des Geistes bzw. des Namens des Buddha", von der im Ursprünglichen Gelübde gesprochen wird. Die Rezitation ist natürlich nicht auf zehnmal beschränkt, weshalb der Ausdruck *naishi*, „selbst wenn nur", hinzugefügt ist. Es gibt Personen, welche den Namen während ihres ganzen Lebens rezitieren, beim Gehen und Stehen, im Sitzen und Liegen. Andere hingegen praktizieren das *nem-butsu*, die „Buddha-Erinnerung", erst kurz vor ihrem Tod. Egal, ob oft wiederholt oder nicht – die Praxis der Anrufung des Buddha-Namens folgt zweifellos unserem Glauben. Dies wird dadurch erklärt, dass wir stetig am Mitgefühl des Buddha teilhaben können, da wir sein großes, erbarmendes Herz teilen. Das *nem-butsu* bedeutet jedoch nicht nur, den Namen des Buddha anzurufen; auch Körper und Geist kommen in Einklang damit und sind nicht von der Gnade des Buddha ausgeschlossen. Das ist nicht das Handeln durch „Selbst-Kraft" der unwissenden Menschen; deswegen wird von der Praxis der Fremd-Kraft gesprochen (*tariki-no-kigyô*).

Dieser Glauben und diese Verwirklichung sind für jeden leicht zu erlangen. Darum werden auch die allgemeinen buddhistischen Ansprüche der „Hauslosigkeit und des Freiwerdens von weltlichen Vergnügen, um die Buddhaschaft zu erreichen", von dieser Schulrichtung nicht anerkannt. Konsequenterweise ist es auch den Mönchen dieser Schulrichtung erlaubt, zu heiraten sowie Fisch und Fleisch zu essen, während dies in den anderen buddhistischen Schulrichtungen verboten ist[28].

Die Anhänger dieser Schulrichtung sind aufgefordert, ihrer Arbeit sorgfältig nachzukommen und ihre Pflichten zu erfüllen, um so in Har-

---

[28] Hier irrt der Autor, wie wir etwa im Zen sehen. [Anm. d. Verlegers]

monie miteinander zu leben. Sie sollten auch ihre Persönlichkeit kultivieren sowie ihre Familien ordnen. Sie sollten sich an Recht und Gesetz halten und zum Wohle ihres Landes wirken. Der Buddha hat im *Großen Sukhavativyuha-Sutra* gesagt: „Ihr sollt euch von allem Bösen trennen, das Gute auswählen und ausüben sowie gründlich darüber nachdenken." Die Anhänger der Schulrichtung befinden sich bereits in Übereinstimmung mit dem Ursprünglichen Gelübde des Amitabha Buddha, wodurch sie auch in Harmonie mit den Anweisungen von Shakyamuni und den allgemeinen Lehren die Sittlichkeit betreffend sind. Dies wird *samvriti-satya* (*zoku-tai*) oder „weltliche [konventionelle] Wahrheit" genannt, ein Bestandteil der Lehren dieser Schulrichtung, welche Bezug nehmen auf die Unterscheidung von gutem und schlechtem Verhalten in dieser Welt.

Und welchen Nutzen erlangen die Gläubigen mit Hinsicht auf die *paramartha-satya* (*shin-tai*) oder „wahre [endgültige] Wahrheit", welche sich auf die Unterscheidung zwischen Glauben und Zweifel im Geist bezieht, indem sie dem Buddha vertrauen? Im aktuellen Dasein werden sie zu Mitgliedern der *samyaktva-rasi* (*shôjôjû*), der „Masse der absoluten Wahrheit". Im nächsten Dasein erlangen sie das Nirwana (*metsudo*).

Die Masse der absoluten Wahrheit an erster Stelle meint die Gruppe derjenigen Wesen, welche mit Gewissheit im Reinen Land von Amitabha Buddha geboren werden und von dort aus im kommenden Dasein Nirwana erreichen. Sie sind vom Licht des Amitabha Buddha ergriffen, im Herzen von Freude erfüllt, praktizieren stetig das große Mitgefühl des Buddha und erleiden keine weitere Wiedergeburt. Darum werden sie *avaivartika* (*futaiten*) genannt, solche, „die nicht mehr wiederkehren". Sie erlangen diese Wohltat in dem Moment, in dem sie ihren Glauben auf Buddha setzen.[29]

Zweitens, Nirwana zu erlangen meint, den Zustand der Erleuchtung von Amitabha Buddha zu teilen, sobald man in dessen Reinem Land geboren ist. Der Grund, sich dorthin aufzumachen, besteht darin, die große Gnade und Weisheit des Buddha zu erlangen, damit sie am sichersten das Buddha-Stadium (oder Nirwana) erreichen, wo Gnade und Weisheit wiederum vollkommen sind. Ursache und Wirkung sind zutiefst natürlich. Die Anhänger der diversen Schulen der Pfade der Heiligkeit müssen die dreifache Schulung von Höherer Sittlichkeit, Höherer Versenkung und Höherem Lernen aus eigenen Kräften aus-üben und alle Leidenschaften zerstören, um so das Nirwana zu errei-chen. Die Anhänger der anderen Schulen des Reinen Lands erreichen Buddhaschaft, nachdem sie im Reinen Land für lange Zeit gute Taten vollführt haben. Aber in der Wahren Schule wird der Unterschied mit-tels *ôjô-soku-jôbutsu* erklärt, d.h. „im Reinen Land geboren zu werden bedeutet, Buddhaschaft zu verwirklichen". Wenn die Gläubigen die unreinen Körper des gegenwärtigen Lebens aufgeben (und sterben) und im Reinen Land geboren werden, verwirklichen sie unmittelbar die höchste und vollkommenste Frucht des Nirwana. Das liegt ausschließ-lich daran, dass sie sich auf die Fremd-Kraft des Ursprünglichen Ge-lübdes verlassen.

In dieser Schulrichtung gibt es weder magische Sprüche noch Gebete zu den Buddhas, oder verehrungswürdige Gegenstände, wodurch man Unheil abwenden könnte; denn Unglück hat seine Grundlagen entweder in den vergangenen Existenzen oder im gegenwärtigen Leben. Ursa-chen in der gegenwärtigen Existenz sollte man sorgsam vermeiden; d.h.

---

[29] Siehe hierzu Apple, James B: *On Avaivartika and Avaivartikacakra in Mahayana Buddhist Literature with Special Reference to the Lotus Sutra.*

die Anhänger dieser Lehre sollten den Anweisungen Buddhas folgen, um so von den gegenwärtigen Ursachen für Unglück frei zu werden. Was die Ursachen in der Vergangenheit betrifft, so ist Tadel nutzlos; nur für die Zukunft kann man sich wappnen. Das ist der Grund, warum keine magischen Sprüche [zur Aufhebung der Wirkung bereits begangener schlechter Taten] angewendet werden. Darüber hinaus besteht der Kern der Lehre des Buddhismus darin, vom Kreislauf der Weitergeburten loszukommen und den Zustand des Nirwana zu erreichen. In diesem Sinne können weder Glück noch Unglück dieser Welt den Geist ihrer Anhänger aufwühlen. Aber wenn sie ihren Geist auf das Glück der anderen richten, sollte Eintracht in der Welt natürlich von ihnen erstrebt werden. Wenn dies der Fall ist, sollten sie nichts anderes tun als den Lehren von Shakyamuni zu folgen. Dann werden letztendlich solche Wohltaten wie Harmonie unter den Menschen, Wohlstand des Landes und Frieden unter den Menschen folgen.

Kapitel 12: Die Nichiren-Schulrichtung

1. Geschichte der Schulrichtung

(a) Die erste Begründung der Schulrichtung

Obwohl die Anzahl der Lehrmethoden von Shakyamuni in die Tausende gehen – wie z.B. Hinayana und Mahayana, vorläufig und endgültig, offenbar und verborgen, nachfolgend und ursprünglich etc. – ist ihr Thema dennoch nichts anderes als die Führung der Wesen zum höchsten Zustand des Nirwana durch stufenweisen Unterricht. Aus diesem Grund hat Shakyamuni in der letzten Phase seines Daseins das *Saddharma-pundarika-sutra* bzw. *Hokke-kyô*, d.i. das „Sutra vom Lotos des wunderbaren Gesetzes", verkündet (Nr. 134). In diesem Sutra vergleicht er alle während der Vergangenheit, Gegenwart und Zukunft verkündeten Schriften und nennt das Lotos-Sutra die herausragendste von allen. Diese Beurteilung erfolgte in Übereinstimmung mit den Lehren aller vergangenen, gegenwärtigen und zukünftigen Buddhas, so dass selbst Manjusri und Kasyapa keine Einwände hatten.

Da Shakyamuni selbst seine Lehren in dieser Weise anordnete, folgten ihm die Buddhisten der späteren Zeit darin mit ihrer Lehre der drei Zeiten des Gesetzes, d.i. die Zeit des wahren Gesetzes (*shôhô*), die Zeit des abbildenden Gesetzes (*zôhô*) und die Zeit des Niedergangs (*mappô*). Während der zweitausend Jahre der ersten beiden Perioden verkündeten alle großen Lehrer das Gesetz entsprechend Shakyamunis Weisung, egal ob Hinayana oder Mahayana, provisorisch oder endgültig. Das Zeitalter des Niedergangs begann, als die ursprüngliche und einfache Lehre des Lotos-Sutra erklärt werden musste. Im Jahr 1252, als alle anderen Schulrichtungen bereits begründet waren, begann Nichiren, der Begründer dieser Schulrichtung, nur noch die Lehren des Lotos-Sutra zu verkünden. Er tat dies in Übereinstimmung mit den

Anweisungen von Shakyamuni und erklärte die von Shakyamuni selbst dargelegte Lehre. Diese ausgezeichnete Lehre, welche den Menschen der gegenwärtigen Zeit allerlei Wohltaten zuteilwerden lässt, war nach dem Eingang von Shakyamuni ins Nirwana 2200 Jahre lang unbekannt. Nichiren nun war eine Inkarnation des Bodhisattva Visistacaritra (Jôgyô, „Hervorragende Praxis"), der als „ursprünglich Bekehrter" (*honke*)[30] Shakyamunis von diesem spezielle Instruktionen erhielt, wie es im Kapitel über die wunderbaren Kräfte des Tathagata bei der so genannten himmlischen Versammlung am Berg Gridhakuta geschildert ist.[31] Dieser Bodhisattva wurde in Japan unter dem Namen Nichiren geboren, als die Zeit für die Verkündigung dieser von Shakyamuni ausgehenden Lehre bereit war. Daher hat Nichiren diese Schulrichtung zuerst in Japan begründet, um sie von dort aus in der ganzen Welt zu verbreiten, während der zehntausend Jahre des Zeitalters des Niedergangs.

Diese Schulrichtung wird daher entweder *Hokke-shû* bzw. *Saddharma-pundarika*-Schulrichtung genannt, nach dem Titel des grundlegenden Sutras, oder Nichiren-shû, nach dem Namen ihres Begründers. Obwohl diese Schulrichtung wie die Tendai-Schulrichtung das Lotos-Sutra als grundlegenden Text betrachtet, unterscheiden sie sich in ihren Lehren doch stark voneinander; darum wird sie auch *Nichiren-hokke-shû* oder Nichirens *Saddharma-pundarika*-Schulrichtung genannt. Folgendes sind die wichtigsten Sutras und Kommentare dieser Schulrichtung:

---

[30] [Fußnote im Original] Zu diesem Bodhisattva siehe das 15. und 21. Kapitel des *Hokke-kyô* in Kumarajivas Übersetzung, sowie das 14. und 20. Kapitel von Kerns englischer Übersetzung des *Saddharma-pundarika* (Sacred Books of the East, Vol. XXXI).

[31] [Fußnote im Original] D.i. das 21. Kapitel von Kumarajivas Version, und das 20. in der Übersetzung von Kern.

1) *Myôhô-renge-kyô* bzw. *Saddharma-pundarika-sutra* (Nr. 134), acht Abteilungen, von Kumarajiva während der Jin-Dynastie in der Zeit zwischen 384-417 übersetzt;

2) *Muryôgi-kyô* bzw. *Amitartha-sutra* (Nr. 133), von Dharmagatayasas in der Zeit der nördlichen Sei-Dynastie während der Jahre 479-502 übersetzt;

3) *Kanfugen-kyô* bzw. *Samantabhadra-dhyana-sutra* (Nr. 394), von Dharmamitra während der Song-Dynastie in den Jahren 420-479 übersetzt;

4) *Chûhoke-kyô* oder „Kommentar zum Lotos-Sutra" in zehn Abteilungen, zusammengestellt von Nichiren;

5) *Ku-ketsu* oder „Mündliche Überlieferungen" in zwei Bänden, enthalten die von Nichirens Hauptschüler Nichikô aufgezeichneten Unterweisungen seines Lehrers.

(b) Die Überlieferung der Lehre

In der Lotos-Schulrichtung des Nichiren gibt es zwei Übertragungslinien der Lehre; eine innere und eine äußere. Die äußere Übertragung ist die Linie der Lehrer in den drei Ländern Indien, China und Japan, welche die Lehren des Lotos-Sutra erläutert haben, nämlich:

- Indien: Shakyamuni Buddha → Bhaishaiyaraja (Yaku-ô) Bodhisattva [Medizinkönig]
- China: Tendai-Daishi
- Japan: Dengyô Daishi → Nichiren Dai-bosatsu

Die innere Übertragung ist die Linie derjenigen, welche die Wahrheit der „uranfänglichen oder ursprünglichen Lehre" (*hon-mon*) verstanden haben, welche dem Kapitel betreffs der Verkündigung (*Hosshi-hon*, Kap. 10) und dem Kapitel über die Wunderbaren Kräfte des Tathagata (*Jinzû-hon* bzw. *Jinriki-hon*, Kap. 20 der Sanskrit-Version und Kapitel

21 der chinesischen Version) nach in der Stupa des Prabhutaratna (*Tahôtô*) aufbewahrt wird:

- Shakyamuni Buddha → Visishtacaritra Bodhisattva (Jôgyô Bosatsu) → Nichiren Dai-bosatsu

Obwohl die äußere Form der Lehre durch diejenige der Tendai-Schulrichtung bedingt ist, befinden sich ihre [davon abweichenden] Grundsätze in völliger Übereinstimmung mit dem grundlegenden Text [d.h. dem Lotos-Sutra]; daher ist die innere Überlieferung wesentlich zutreffender als die äußere.

2. Die Lehren der Schulrichtung

(a) Ein Abriss des Lotos-Sutra

Das *Saddharma-pundarika-sutra* enthält die Lehre, welche durch den Ausdruck *gonjitsu-honjaku-kaie* charakterisiert ist, d.i. „offene Darlegung der temporären und wahren Lehren sowie der eigentlichen und abgeleiteten Erscheinungsformen der Buddhas". Die „temporären" (*gon*) Lehren sind alle vom Buddha während der ersten vierzig Jahre seiner Lehrtätigkeit verkündeten Sutras, bis er schließlich das Lotos-Sutra offenbarte, welches allein seine „wahre" (*jitsu*) Lehre enthält. Der „eigentliche" (*hon*) oder ursprüngliche Zustand des Buddha ist die „uranfängliche Erleuchtung" (*hongaku*) aus der weit zurückliegenden Zeit, als der Buddha sich noch in seinem anfänglichen Zustand befand (*honji*). Die „abgeleiteten" (*shaku*, wörtlich „Fußspur") Zustände sind die erste Erleuchtung (*shi-kaku*) während der Lebenszeit des Buddha hier in der Welt (*sui-shaku*). „Offene Darlegung" bedeutet das Aufweisen der endgültigen Wahrheit, das Erscheinen des Buddha Shakyamuni in dieser Welt.

Zuerst werden wir die offene Darlegung der temporären und der wahren Lehre behandeln (*gonjitsu-kaie*). Als Shakyamuni in dieser Welt erschien, gab es drei Klassen von Wesen hinsichtlich ihrer Kräfte, seine Lehren zu verstehen. Die unterste Klasse waren die *sravaka* (*shômon*) oder „Hörer"; die mittlere Klasse die *pratyekabuddha* (*engaku*) oder „Selbst-Erleuchtete"; die höchste die Bodhisattvas (*bosatsu*) oder „Erleuchtungs-Wesen". Buddha lehrte die Hörer, die Leidenschaften zu zerstören, den Kreislauf der Wiedergeburten zu überwinden und den Zustand eines Heiligen oder Arhat zu erlangen. Er unterwies diejenigen, welche dazu in der Lage waren, den Zustand eines Selbst-Erleuchteten zu erreichen [durch Einsicht in das bedingte Entstehen]. Die Bodhisattvas wurden gelehrt, die großen Gelübde und Bitten abzulegen, alle Wesen zu erlösen und Buddhas zu werden wie Shakyamuni selbst, nachdem ihre verdienstvollen Handlungen vollendet sind. Diese drei Klassen werden als „Drei Fahrzeuge" oder *triyana* (*san-jô*) bezeichnet; dabei bilden die ersten beiden das Hinayana bzw. „Kleine Fahrzeug" (*shô-jô*) und die dritte das Mahayana oder „Große Fahrzeug" (*dai-jô*). Wer den Zustand eines Arhat oder Selbst-Erleuchteten gemäß dem Hinayana erreicht, ist kein Buddha im Verständnis des Mahayana, und umgekehrt. Eine Person kann nicht beide Wege gleichzeitig ergreifen. Sie wurden also gelehrt, eines der drei Fahrzeuge entsprechend ihrem Gefallen zu üben. Auf diese Weise gab es drei separate Klassen von Menschen mit ebenso vielen Arten von Vollendeten wie Fahrzeugen. Dies wird die Periode der temporären Mittel genannt.

Auf diese Weise verkündete der Buddha während der ersten vierzig Jahre seiner Lehrtätigkeit viele Sutras, wobei er die Unterscheidung der drei Fahrzeuge beachtete. Im Lotos-Sutra jedoch erklärte er, dass alle Verkündigungen seiner vorangehenden vierzig Jahre nur Hilfsmittel gewesen waren, und dass es in Wirklichkeit nur ein Fahrzeug (*ekayana*) gibt und nicht drei. Weiterhin sagte er: „Auch die Hörer und Selbst-Erleuchteten gehören zum Mahayana und sind in der Lage, Buddhas zu werden. Selbst die *icchantika* (*issendai*) oder unbelehrbaren Männer und Frauen vermögen Buddhaschaft zu erlangen. Alle lebenden Wesen verfügen über die Natur der Buddhaschaft; es gibt also keinen Grund, nicht zu glauben, dass alle und ohne Ausnahme die Erleuchtung erlangen könnten. Das ist meine eigentliche Lehre, welche nicht angezweifelt werden soll. Die einstweiligen Lehren der nützlichen Mittel wurden von mir verkündet, um die Menschen auf den wahren Pfad des Lotos-Sutra zu führen. Daher sind auch die temporären Lehren in einiger Hinsicht wahr. Die einstweiligen Lehren sind wie die Lotos-Blume, und die wahre Lehre ist wie die Frucht und der Samen des Lotos. Die Blume ist wahr als Mittel für die Frucht. Das Mittel und die Wahrheit sind untrennbar. Es gibt keine nützlichen Mittel ohne eine Wahrheit. Es erscheint keine Wahrheit ohne nützliche Mittel. Sie sind praktisch eins, obgleich als zwei unterschieden. Dies wird der Lotos des Guten Gesetzes genannt."

Als der Buddha dies gesprochen hatte, erkannten die Anhänger der drei Fahrzeuge augenblicklich die Wahrheit des einen Fahrzeugs durch die Verdienste ihrer vorhergehenden, der temporären Lehre entsprechenden Übungen. Auf diese Weise erreichten sogar Devadatta[32] und die Tochter des Schlangen-Königs unmittelbar den Thron des Buddha. Dies ist die Gestalt der Verkündigung der „untergeordneten Lehre" (*shaku-mon*) des Lotos-Sutra, in der die temporären Lehren als Hilfsmittel zum Aufzeigen der Wahrheit erklärt werden und in der die drei Fahrzeuge wie ein einziges angesehen werden.

---

[32] Devadatta ist der traditionellen Überlieferung nach ein buddhistischer Mönch aus der Zeit des Buddha, der u.a. wegen seiner Herbeiführung einer Ordensspaltung, der Anstiftung eines Attentats auf König Bimbisara und einem Mordanschlag auf den Buddha selbst als Beispiel für einen extrem irregeleiteten Menschen gilt.

Als nächstes wird die „offene Darlegung der ursprünglichen und nachfolgenden Stadien des Buddha" (*honjaku-kaie*) folgendermaßen erklärt:

Der Zustand der Buddhaschaft, welchen Shakyamuni in dieser Welt durch die acht Stadien seines Lebens (*hassô-jôdô*) erlangte, wird „erste Vollendung der vollen Erleuchtung" (*shi-jô-shôgaku*) genannt. Dieser Terminus wird zu *shi-kaku* oder „erste Erleuchtung" verkürzt; dabei handelt es sich um den nachfolgenden Buddha (*shaku-butsu*). Die Erleuchtung von Shakyamuni diente dabei nur dazu, zu erkennen, dass er selbst seit anfangsloser Zeit der Buddha der ursprünglichen Erleuchtung ist, der Herr der „Sphäre der Wirklichkeit" (*dharmadhatu* bzw. *hokkai*). Selbiges gilt für alle Buddhas der zehn Richtungen und drei Zeiten, d.h. der Vergangenheit, Gegenwart und Zukunft. Während der vierzig Jahre der temporären Lehren sprach Shakyamuni über sein Erreichen der Buddhaschaft in dieser Welt, so wie es erschien. Aber bei der Verkündigung des Lotos-Sutra offenbarte er seinen Zustand der „uranfänglichen Erleuchtung", als ewiger Buddha und Herr des gesamten Universums. Es manifestiert sich jedoch keine uranfängliche Erleuchtung, bevor nicht die erste Erleuchtung in dieser Welt erlangt wurde, so wie die Blumen und der Mond der Vergangenheit erst dann verstanden werden können, wenn wir die gegenwärtigen sehen. Ebenso können wir die Buddhas der zehn Richtungen erkennen, wenn wir einen Buddha sehen und verstehen, dass wir selbst bereits Buddhas sind, sobald wir von der Natur eines anderen Buddha hören. Alle nachfolgenden Buddhas sind wie die Bilder des Mondes, der sich in vielen Gewässern spiegelt; nur der Buddha des uranfänglichen Zustands ist wie der echte Mond am Himmel. Der nachfolgende Zustand wird durch den uranfänglichen offenbart, und umgekehrt. Obwohl sie sich voneinander unterscheiden, sind ihre Qualitäten dieselben. Dies wird der Lotos des guten Gesetzes genannt.

Als der Buddha diese Lehre verkündete, erlangten alle Wesen aus den zehn Richtungen, welche bei dieser „Großen Himmels-Versammlung" (*dai-kokû-e*) auf dem Berg Gridhrakuta anwesend waren, den Zustand der Buddhaschaft. Dies ist die [gewöhnliche] Form der Verkündigung der „ursprünglichen Lehre" (*hon-mon*) des Lotos-Sutra.

Kurz gesagt liegt das Wesen der „nachfolgenden Lehren" (*shaku-mon*) darin, alle seine Reden zusammenzufassen und die eigentliche Bedeutung seines Erscheinens in der Welt zu erklären, welches darin besteht, alle Männer und Frauen – egal ob gut oder böse, von starker oder schwacher Verständniskraft – zu veranlassen, dem Buddhismus beizutreten. Sie dienen auch der Unterscheidung der zahlreichen Lehren, und um zu zeigen, dass die Weisheit des Einen Fahrzeugs des Buddha gleich und ebenmäßig ist. Die Aufgabe der ursprünglichen Lehre (*hon-mon*) jedoch ist es, den Grund aller Wesen aufzuzeigen und den Zustand wahrer Erleuchtung der Buddhas der drei Zeiten, d.h. der Vergangenheit, Gegenwart und Zukunft. Sie erklärt auch, dass alle [vom Buddha verkündeten] Lehren gut sind, und alle Wesen Buddhas.

Der Bhagavat hat seine herausragende Verkündigung der ursprünglichen Lehre nicht an gewöhnliche Bodhisattvas wie Manjusri, Bhaishaiyarja (Yaku-ô) und andere gerichtet. Um wie viel weniger also hätte er sie einfachen Schülern verkündet? Er hat den Bodhisattva Visishtacaritra (Jôgyô) sorgsam in dieser Lehre unterwiesen, und einige andere, welche auf der Erde erschienen sind. Der Ort, an dem sie beauftragt worden sind, diese Lehre zu verkünden, ist diese Saha-Welt (Shaba) bzw. Jambudvipa; die Zeit ist die Zeit des Niedergangs der Lehre, die Welt des Unheils und der Schädigung, die letzten 500 Jahre.

Dies wird die spezielle Anweisung in der ursprünglichen Lehre des Lotos-Sutra genannt.

(b) Die drei großen geheimen Lehren

Die drei Hauptpunkte in der Lehre von Nichiren werden die „drei großen geheimen Lehren" genannt, welche alle Regeln des Buddhismus enthalten. Im Kapitel über die Lebensdauer des Tathagata (*Juryô-hon*) im Lotos-Sutra spricht der Buddha von der Beständigkeit der drei Körper [oder Sphären] des Buddha, nämlich: 1. des *dharma-kaya* (*hosshin*) oder der geistigen Sphäre, 2. des *sambhoga-kaya* (*hô-shin*) oder der Sphäre der Entlohnung, 3. des *nirmana-kaya* (*ôge-shin*) oder der Sphäre der Verwandlung. Diese Lehre ist die Essenz des Sutra und das Thema des Erscheinens des Buddha in dieser Welt; darum wird es als Substanz der drei großen geheimen Lehren angesehen. Im Sutra kommt der Ausdruck der „geheimen wunderbaren Kraft des Tathagata" vor (*nyorai-himitsu-jinzû-shiriki*); daher stammt die Bezeichnung „drei große, geheime Lehren".

Die drei Lehren sind *honzon*, *daimoku* und *kaidan*; d.h. die zu verehrende Hauptgottheit, der Titel des Sutras und der Ort, an dem die disziplinarischen Regeln (*sila*) empfangen werden, welche allesamt zur ursprünglichen Lehre gehören. Die Essenz davon ist im Titel des Sutras enthalten, der sich aus den fünf chinesischen Schriftzeichen *Myô-hô-ren-ge-kyô* (*Saddharma-pundarika-sutra*) zusammensetzt. In unserem Geist halten wir das Gedenken an die Hauptgottheit wach, mit dem Mund rezitieren wir den Namen des Sutras und mit dem Körper bewahren wir die ethischen Regeln.

Die Hauptgottheit der Verehrung der ursprünglichen Lehre ist das Mandala der zehn Welten, der Körper des Buddha, dem die Anhänger dieser Schulrichtung vertrauen. Dieses Mandala repräsentiert den uranfänglichen Buddha aus der fernsten Zeit. Dieser geistige Körper (*hosshin*) des Buddha besteht aus den fünf Elementen (Erde, Wasser, Feuer, Luft, Raum) der allumfassenden Sphäre der Wirklichkeit (*dharmadhatu*). Die fünf Gruppen bzw. *skandha* (Gestalt, Wahrnehmung, Benennung, Gestaltung und Bewusstsein) der allumfassenden Sphäre der Wirklichkeit machen die Natur des „Körpers der Entlohnung" (*hô-shin*) dieses Buddha aus. Die sechs Sinnesorgane aller Wesen aller Orte sind die Form des „Verwandlungskörpers" (*ôge-shin*) des Buddha. Die drei Handlungsebenen (Körper, Rede und Geist) und die vier ehrwürdigen Haltungen (Gehen, Stehen, Sitzen, Liegen) aller Wesen sind die Handlungen dieses Buddha. Die Weisheit und Tugenden aller Heiligen und Weisen von überall und die Erleuchtung aller Buddhas bilden die übernatürlichen Kräfte des Buddha. Alle Länder in allen Richtungen sind seine Heimat. Er ist frei von Geburt und Tod, selbst nach unzähligen Zeitaltern. Er ist der Buddha der Ewigkeit, ohne Anfang und Ende. Dieser Buddha trägt den Namen Shakyamuni, welcher wahrhaft seinen Zustand der Buddhaschaft in ferner Zeit vollendete (*kuon-jitsu-jô*), oder „Buddha der drei Körper, welcher nicht tätig ist" (*musa-sanjin-no-honbutsu*).

Die zehn Welten, von der Sphäre der Buddhas bis hinab zu den Höllen sind allesamt Transformationen dieses ursprünglichen Buddha. Das Hauptobjekt der Verehrung (*honzon*) ist die Repräsentation dieses Buddha, so dass die fünf Silben *Myô-hô-ren-ge-kyô* abwärts im Zentrum stehen, um die herum die Formen der zehn Welten dargestellt sind, um so die Beschaffenheit dieses ursprünglichen Buddha zu zeigen.

Shakyamuni selbst hat von sich im Kapitel über die Lebensdauer des Tathagata gesagt, dass er dieser uranfängliche Buddha ist. Aber nicht nur Shakyamuni ist mit ihm identisch, sondern auch wir selbst. Das ist die Art und Weise, über das Hauptobjekt der Verehrung zu meditieren.

Als zweites bilden die fünf Silben *Myô-hô-ren-ge-kyô* den Titel des Sutras, so dass sie die Bezeichnung *daimoku* bzw. „Titel" erhalten. Diesen fünf Silben werden noch zwei weitere, nämlich *na-mu* (*namas*, d.i. „Verehrung") hinzugefügt. Somit erhalten wir *Na-mu Myô-hô-ren-ge-kyô*, „Verehrung dem Lotos des Guten Gesetzes" zur Rezitation. Es bedeutet, an die gute Lehre des Herzens mit dem Herzen der guten Lehre zu glauben. Der Titel des Sutras mit seinen fünf Silben ist die Essenz des gesamten Textes, als auch aller heiligen Lehren der gesamten Lebenszeit des Buddha, das Prinzip aller Dinge, die ewige Wahrheit und die geheime Bedeutung des ursprünglichen Zustands des Buddha sowie der Qualitäten seiner Erleuchtung. Diese liegen außerhalb der Verständnismöglichkeiten und des Erklärbaren, außer dass wir sagen können, dass sie unfassbar und unbegreiflich sind. Sie werden nicht einmal von den nachfolgenden Buddhas und den höchsten Bodhisattvas [völlig] verstanden. Sie müssen einfach geglaubt werden, ohne dass man sie auch nur ansatzweise erklären könnte. Das ist die Lehre vom Titel des Sutras.

Drittens, der *kai-dan* oder die „Stätte, an welcher die disziplinarischen Regeln (*sila*) empfangen werden", wird folgendermaßen erklärt: Die Vorschriften einzuhalten wird als wichtigster Teil aller Abteilungen der Lehre des Buddha betrachtet; egal ob im großen oder im kleinen Fahrzeug, in der vorläufigen wie in der endgültigen Lehre. Daher findet sich in der ursprünglichen Lehre die erste Vorschrift, welche vom Buddha permanent beachtet wird. *Kaidan* ist die „Stätte der Erleuchtung", d.h. das *bodhimanda* bzw. *dôjô*, auf der die Zeremonie zum Empfang der Regeln abgehalten wird. Der Ort wird hier anstelle des einzuhaltenden Gesetzes angeführt.

Die Essenz dieser Sittlichkeit ist der Titel des Sutras, d.h. die fünf Silben *Myô-hô-ren-ge-kyô*. Wer an diesen Titel glaubt und sich daran hält, gilt als ein Bewahrer der überragenden Sittlichkeit der ursprünglichen Lehre. Der Ort, an dem er sie bewahrt, ist das Reine Land des ruhigen Lichts (*Jakkô-jôdo*), d.h. der *kai-dan*.

Kurz gesagt sollte man daran denken, dass der eigene Körper der uranfängliche Buddha (*honzon*) ist, das eigene Denken das gute Gesetz (*daimoku*) und der eigene Aufenthaltsort das Reine Land des andauernden ruhigen Lichts (*kaidan*). Auf diese Weise verweilt man in der Sphäre der Wirklichkeit (*dharmadhatu*) des eigenen Geistes.

Obwohl die praktischen Vorschriften innerhalb des Buddhismus vielfältig sind, gilt die dreifache Schulung (*sangaku*) in Höherer Sittlichkeit (*kai*), Höherer Geistesschulung (*jô*) und Höherer Wissensschulung (*e*) als am Wichtigsten. Durch die Höhere Sittlichkeit enthält man sich der unheilsamen Taten des Körpers; durch die Höhere Geistesschulung beruhigt man den Geist; durch die Höhere Wissensschulung wird man frei von Täuschung und erreicht die Erleuchtung. Diese dreifache Schulung wird von allen buddhistischen Schulrichtungen anerkannt, auch wenn jede Schulrichtung ihre eigenen Schwerpunkte setzt.

Dies gilt auch für die Nichiren-Schulrichtung. Die drei großen geheimen Lehren sind die dreifache Schulung dieser Schulrichtung. *Kaidan* entspricht natürlich der Sittlichkeit (*kai*). Die Schulung des Geistes (*jô*) entspricht dem Glauben in das Hauptobjekt der Verehrung (*honzon*) und der Meditation über das Gute Gesetz. Die Wissensschulung (*e*) entspricht der Rezitation des Titels des Sutras (*daimoku*), welcher die Weisheit aller Buddhas enthält und die Vortrefflichkeit der Weisheit illustriert.

Wenn man diese drei großen geheimen Lehren beachtet, wird die dreifache Schulung rasch vollendet und unzählige Versenkungszustände bzw. *samadhi* (*san-mai*) sowie Vollkommenheiten bzw. *paramita* (*haramitsu*) werden erlangt. Dadurch kann sogar ein Wesen mit schwachem Verständnis schon in diesem Leben in den kostbaren Status der Erleuchtung gelangen. Auf diese Weise ist die Lehre dieser Schulrichtung in der Tat sehr tiefgründig und wunderbar.

Weitere Veröffentlichungen/Übersetzungen von Dr. Julian Braun

Karate als Lebensweg. Selbstkultivierung auf der Grundlage der 20 Leitsätze (*shôtô nijûkun*) des *Shôtokan Karate*. (Tengu Publishing 2011)

Samurai und Kriegskunst. Kompendium aus klassischen Texten der *Tokugawa*-Zeit. (Tengu Publishing 2012)

Kaibara Ekiken: Regeln zur Lebenspflege (Yôjôkun). (Iudicium 2010, zusammen mit Andreas Niehaus)

Texte aus der 'Schule der anhaltenden Feindlosigkeit' (Heijô muteki-ryû): Ein Beitrag zum 'gemeinsamen Weg von Schwert und Pinsel' der Samurai im Japan der Tokugawa-Zeit (Grin 2013)

Manase Gensaku (1549-1631): "Wesentliche Punkte für ein langes Leben" (Enju satsuyô): Ein Beitrag zur Tradition der Lebenspflege im Japan der Tokugawa-Zeit (Grin 2013)

Nyanatiloka: Führer durch den Abhidhamma-Pitaka (Michael Zeh Verlag 2013)

www.selbtschmiede.de